すぐわかる
きものの美
髪飾りからはきものまで

【監修】道明三保子

東京美術

きものを知る＝もっと楽しくなる

――この本を読んで下さる方へ

〝きものを着る日〟というのは、七五三・成人式・卒業式・結婚式などに限られているというのが一般的なイメージです。「きものブーム」といわれる時期は数年おきに訪れるのですが、実際に街できものを着て歩いている人が増えているかというと、まだまだごく少数派でしょう。

しかし、本やインターネットでは、きものに対する情報が年々増えてきています。それは日常生活できものを着ている人が「自分のきもののスタイルをより多くの人に知って欲しい」という熱意の表われでもありますが、普段から何となくきものに興味があって、「機会があったら着てみたい」「もっと知りたい」と思っている人々がかなり大勢いることの反映でもあるのではないでしょうか。なぜなら、デパートのきもののイベントや、美術館・ギャラリーで行われるきもの関連の展覧会に行ってみると、その混雑と熱気はたいへんなものだからです。

きものを実際に着ようとすると、着付け教室に通う、きものと帯だけでなく色々な小物をそろえる、いざ着てみると動きづらいしすぐ着崩れてくるといった少なからぬ問題が起こってきます。あれこれ見ているだけでも、きものの魅力は充分に堪能できるものです。

でも、着て初めて見えてくるもの・得られるものも多いのです。例えば、きもの・帯・半襟などには四季の意匠が多いので、季節に対する感覚が鋭くなります。あるいは、きものと帯に合わせる数多くの小物の色合わせに悩んだあげく、自分なりのコーディネイトが決まった時の心のはずみなど。

少し着慣れてくれば、きものを限られた特別な日にだけ着るなんてもったいない、と思うようになります。レストランや美術館、お花見(桜だけでなく)、庭園・寺社の散歩など、「ちょっとおしゃれに気合いを入れたいな」という場所ならどこでもよいのです。もっと気軽にきものを着てみようではありませんか。

現在の「きもの」の原形ともいえる「小袖」が、身分を問わず一般に着られるようになったのは、ちょうど歴史が中世から近世へ移り変わるころです。その頃は小袖を重ね着して前を合わせ、帯でおさえるだけだったのですが、江戸時代を通じて実用・装飾など様々な理由から帯揚げや半襟などの小物が増えていき、現在の形になりました。この本では、そういった小物類も合わせて、古いものは桃山時代から新しいものは平成まで、どのようなものが作られてきたか、その歴史・形・デザインを紹介するものです。

なお、江戸時代は武家や庶民など身分によって服飾の形態や素材が違っていますが、この時代は町人を代表とする庶民こそが経済力を持ち様々な文化の発信源となったので、本書ではなるべく庶民階級のものを紹介するようにしています。ただし、ぜひ取り上げたい魅力的なものは、武家や公家階級のものでも例外として掲載しました。

歴史といってもあまり堅苦しく考えず、今までにどんなものが流行してきたのか、なぜこんなものが生まれたのかを知ることによって、「じゃあ今度はああいうものを買ってみよう」「次回はこういうコーディネイトにしてみよう」という風にきものの世界が広がり、より自在に楽しめるようになるきっかけになればと思います。

目次

すぐわかる　きものの美

桃山～江戸初期のファッションは？

小袖＝表着《おもてぎ》が一般的となり 絢爛《けんらん》たるファッションの時代へ

戦乱が終わり、武家の好みや太平の気風を反映して、金銀を多量に使った華やかな文化が生まれた。それまで単色系の織り文様が主流だった衣服も、模様や色使いが多様化してダイナミックな「桃山小袖」や「慶長《けいちょう》小袖」が登場。

婦人像（部分）（大和文華館） 桃山時代 城野誠治・撮影

流行チェック

おしゃれチェック

◆明るく派手な肩《かた》裾《すそ》模《も》様《よう》の「桃山小袖」

◆縫《ぬい》締《しめ》絞《しぼ》り＋描絵《かきえ》・摺箔《すりはく》模様が特徴の辻《つじ》が花染

内側に重ね着している筋《すじ》模《も》様《よう》の小袖を、襟元のアクセントに

流行チェック

◆生地が見えないほど刺繍や摺箔で埋めつくす「慶長小袖」

◆草花・円・幾《き》何《か》学《がく》文《もん》様《よう》などが複雑に交差した抽象的な模様

おしゃれチェック

濃い色彩の中、白系で幅の細い帯が高貴な印象

伝《でん》 淀殿《よどどの》画像《がぞう》（部分）（奈良県立美術館） 江戸初期

＊慶長年間＝1596～1614年

江戸前期のファッションは？

町人の自在なセンスで洗練されていくデザイン

江戸幕府の体制が安定し、経済が発達すると、武家に替わって町人が文化の担《にな》い手となった。彼らが取り入れた役者や遊女のファッションが、斬新な模様の「＊寛文《かんぶん》小袖」となり、それがさらに洗練されて「＊元禄《げんろく》小袖」の誕生となった。

流行チェック
◆肩から裾にかけて大胆な図柄を表わした「寛文小袖」
◆幅がやや広くなった帯を、下の方に結ぶ

おしゃれチェック
派手な模様も、黒・白・金・朱で統一するとスッキリまとまった装いに

美人立姿図
（千葉市美術館）
江戸前期

流行チェック
◆綸子《りんず》地《じ》に金銀で文様を表す優雅な「元禄小袖」
◆ゆったりした襟元＋たおやかな振袖＋長く引いた裾

おしゃれチェック
華やかな地色の小袖に、落ち着いた色目の帯で品よく

菱川師宣《ひしかわもろのぶ》　振袖美人図（部分）
（奈良県立美術館）
江戸前期

＊寛文年間＝1661～1672年/元禄年間＝1688～1703年

石川豊信《いしかわとよのぶ》　団扇《うちわ》を持つ美人
（千葉市美術館）　江戸中期

江戸中期のファッションは？

役者模様の流行と渋好みモードの発生

*宝暦年間《ほうれきねんかん》ごろから、歌舞伎役者・佐《さ》野川市松《のがわいちまつ》が舞台衣裳に使った市松《いちまつ》模様など、人気役者にちなんだ柄が大流行した。その一方で、享保《きょうほう》の改革など幕府によるぜいたく禁止令の影響もあり、縞柄《しまがら》など地味なファッションの潮流が訪れる。

流行チェック
- ◆石だたみを表す市松模様と、うずまきの亀蔵小紋《かめぞうこもん》、2つの役者模様のコラボレーション
- ◆鹿《か》の子《こ》絞《しぼ》りも入っている凝《こ》った浴衣《ゆかた》

おしゃれチェック
よく見ると、髪飾りの櫛も市松模様＋亀蔵小紋

流行チェック
- ◆紅葉《もみじ》に流水で龍田川《たつたがわ》を表す、重たげな大振袖（手前の女性）
- ◆地味な色柄だがすっきりと粋な、細かい縞（奥の女性）

おしゃれチェック
はば広の帯を胸高に締めて、きゃしゃな身体を強調

鈴木春信《すずきはるのぶ》　風俗四季哥仙《ふうぞくしきかせん》　仲秋《ちゅうしゅう》
（慶應義塾図書館）　江戸中期

＊宝暦年間＝1751～63年

江戸後期のファッションは？

小さく・細かくなっていく模様と地味で暗い色合い

幕府の度重なるぜいたく禁止令により、きものの裏地や細部に極端にこだわる風潮が生まれたが、人目につく小袖の表側は、年齢や男女を問わず茶・紺・鼠色《ねずみいろ》などの暗い色になり、模様も派手で大柄なものは見られなくなって小紋《こもん》や裾模様《すそもよう》が好まれた。

流行チェック

- ◆鼠色の裾模様に、大きく結んだ黒地の帯（右の女性）
- ◆地味な配色の大振袖には黒の掛《か》け襟《えり》（左の女性）

おしゃれチェック

チラチラのぞくなまめかしい緋色《ひいろ》は、芸者がお手本

三代歌川豊国（国貞）　二美人図

（東京国立博物館）　江戸後期

流行チェック

- ◆表着《おもてぎ》もその下の小袖も、目立たないが手の込んだ江戸小紋
- ◆更紗《さらさ》と無地、2枚の生地を縫い合わせた昼夜帯《ちゅうやおび》

おしゃれチェック

御高祖頭巾《おこそずきん》の黒い色が、全体の配色バランスを引き締める

溪斎英泉《けいさいえいせん》　浮世美人十二箇月　十二月　としの市

江戸後期　（神奈川県立歴史博物館）

※「江戸の華　浮世絵展」（町田市立国際版画美術館）より

明治のファッションは？

文明開化の風はゆるやかに

明治時代になっても衣服の中心は和服で、前半は幕末の流行を受け継ぎ、鼠色《ねずみ》・藍色などの地味な色に裾模様《すそもよう》のものが相変わらず主流だった。後半になると、化学染料による鮮やかな色彩表現のきものも現れた。

美人絵はがき（明治43年7月26日消印）
（ポーラ文化研究所）

流行チェック
- 粋な縞《しま》のきものに、華やかな刺繍半襟《ししゅうはんえり》
- 帯留と指輪は、ハイカラの最先端

おしゃれチェック
チラリとのぞく長襦袢の模様が愛らしい。半襟は幅広に見せる

引札《ひきふだ》　朝陽園茶舗/茶他　明治後半ごろ　（印刷博物館）

流行チェック
- 束髪《そくはつ》に幅広のリボン
- 地味な地色から、鮮やかな黄にぼかした振袖

おしゃれチェック
赤い絞《しぼ》りの帯揚げで、娘らしさをプラス

大正のファッションは？

大正モダンの新潮流

大正時代は、好景気の波をうけて豊かさ・自由さを謳歌《おうか》する大衆文化が生まれた。きものも色使いが格段に明るくなり、油絵風、アール・ヌーヴォー、アール・デコなど洋風のモチーフが取り入れられた。

流行チェック
◆明るいピンク地のきものは、洋風の花柄+幾《き》何《か》学《がく》文《もん》様《よう》
◆軽やかでモダンな耳かくしのヘアスタイル

おしゃれチェック
帯とそろえた黄色い半襟で若々しく

養志サイダーシトロン
孝子サイダーセロン
大正12年
（アド・ミュージアム東京）

流行チェック
◆アール・デコ柄のきものと帯
◆洋傘・手袋・オペラバッグの3点セット

おしゃれチェック
ネックレスと赤い宝石の帯留がアクセント

杉浦《すぎうら》非《ひ》水《すい》画　三越ポスター
（大正14年　本店修築・新宿分店落成記念）
（三越　資料室）

昭和初期のファッションは？

奇抜《きばつ》で大柄、誰もが着ていた銘仙《めいせん》&御召《おめし》

昭和初期になると、江戸時代から作られてきた絹絣である銘仙と御召が大きく発展。大正に流行した洋風な表現や、伝統的な縞・矢絣《やがすり》を、大胆な配色と近代的なデザインでアレンジしたものがさかんに作られた。

足利本銘仙・足利銘仙会
（アド・ミュージアム東京）　昭和初期

流行チェック
◆派手な配色が大衆的な銘仙
◆大きく目立つ洋花（バラ）柄

おしゃれチェック
半襟と帯揚げの色をピンク・赤でそろえてロマンチックに

流行チェック
◆はばの広い縞柄の御召
◆落ち着いているがモダンな色使い

おしゃれチェック
2人とも、明るい色の帯と帯揚げが女らしいアクセント

みかど御召（西陣《にしじん》工場製）
昭和初期　（アド・ミュージアム東京）

昭和中期〜平成のファッションは？

戦中戦後を経て二十一世紀のきものへ

「和服を着ていると非国民」とされた太平洋戦争により、きものはモンペに直されたり空襲で焼けたり、食料と交換されたりした。また、職人は兵隊にかり出された。そして、戦後は洋服の一般化が進んだ。

この壊滅的な打撃にも負けず、きものは再び愛されるようになり、高度経済成長からバブルにかけて贅《ぜい》を尽くしたきものが作られる中で、ラメ入りのものや中振袖など、新しい流行が生まれては消えていった。

平成に入ると、流行にとらわれない上品なスタイルに落ち着いたかにみえたきものだが、ルールに縛られない若者を中心としたアンティークきもののブームや、カラフルな浴衣《ゆかた》の爆発的な人気により、「もっと自由な発想で個性的なコーディネイトを楽しもう」という新風が吹き始めている。

流行チェック

大きな幾何学文《きかがくもん》と花文《はなもん》が目新しい昭和の大島紬《おおしまつむぎ》

おしゃれチェック

◆帯揚げと帯締めの色が全身の印象を明るく

◆沖縄の紅型《びんがた》の帯と大島紬、南国産でそろえる

大島紬と紅型の帯

（セイコきもの文化財団）

昭和中期

流行チェック

上品で年代を問わない平成の訪問着

おしゃれチェック

◆錦《にしき》の袋帯と伊達襟で格調高く

◆強めの朱の帯締めが緊張感を添える

訪問着と袋帯

平成

きものの歴史

スタイルの移り変わり

1 貴族と庶民のスタイルが合体

現代の「きもの」の原型となる「小袖」は、古くは貴族が十二単《じゅうにひとえ》などの重ね着の下着として着ていた衣服でしたが、一方、庶民は元々これ一枚を表着《おもてぎ》としても着ていました。やがて活動性を重視する武士の台頭などにより、上下の階級のスタイルがとけ合い、室町時代ごろから、小袖は一般的な表着としていちばん上に着られるようになりました。そして、江戸～明治時代を通じて、徐々に今のスタイルになりました。

2 残されたのは豪華な衣服

現在、私たちが見ることのできる昔の衣服は、ほとんど桃山時代以降のものです。それ以前のものになると、完全な衣服の形ではなく生地の一部しか残されていない場合が多いのです。

また、桃山～江戸時代にかけて現存している衣服も、その多くは公家・武家・裕福な商人など、富裕階級のものです。なぜなら、庶民は着られないほど傷《いた》んだ衣服は布団などの日用品や子供のきものに縫い直し、それもすり減ったら最後はぞうきんやおむつにして使い切ったからです。

きものキーワード

小袖《こそで》 十二単の袿《うちき》など、袂《たもと》の袖口を縫い付けていないきものを「大袖《おおそで》」「広袖」という。それに対し、袖口を手首のやや下まで縫い付けたものを「小袖」という。

打掛《うちかけ》 近世武家女性の夏以外の礼装で、江戸時代以降も着られた。広い意味では小袖と同じものだが、帯で

室町〜桃山
打掛
小袖
小袖を重ねた上に
打掛をはおる
江戸初期
小袖
対丈の小袖を
いちばん上に着る
江戸中期
襦袢の上に、小袖
を2〜3枚重ねる
小袖の裾を長く
ひきずる
外出の時は、
ひきずらないよ
うひもでくくる

肌襦袢＋長襦袢
＋きものが基本
明治〜現代
おはしょりをする

合わせずにいちばん上に着る。その場合、すぐ下に着る小袖のことを「間《あい》着《ぎ》」という。

対丈《ついたけ》 「首から足元までのサイズできものを仕立てる」という意味。現代の女性のきものは、対丈はほとんどなく、おはしょりの分も合わせたサイズで仕立ててあるが、男性のきものは江戸から現在までずっと対丈。

おはしょり きものの着丈で長さの余る部分を、腰のあたりで折り曲げて着ること。現代の女性のきものは、この着方が一般的。

四季の美

きもの

どんな美?

変わりゆく季節の彩《いろど》りを身にまとう喜び

なぜ生まれた?

春・夏・秋・冬と気候が移り替わる日本では、昔から四季に合わせて更衣《ころもがえ》が行われてきた。四季折々の変化に富んだ自然や風物を愛する日本人は、衣服でも季節感を大切にし、生地や模様に表わして楽しんできたのだ。

どんな表現?

四季を表現するデザインは多くのパターンがある。例えば桜模様だけなら春に着るべきものだし、桜と紅葉《もみじ》をあしらって春・秋どちらも着られるもの、さらには四季の花すべてを表現したものなど、着る人の好みや用途に合わせて作られた。正月など特定の行事を表す意匠も多い。

四季の花を上品かつ豪華にみせる

振袖　白綸子《しろりんず》地《じ》斜《ななめ》雲《くも》立涌《たてわく》に四季《しき》花束《はなたば》模様《もよう》摺匹田《すりひった》繍《ぬい》
（シルク博物館）
江戸後期　絹　刺繍

全体に四季の花(桜・牡丹・菊・梅)が刺繍で表現され、金糸・銀糸がアクセントになっている。

◆用語解説【摺匹田】— 鹿の子紋に似た文様を、型染で表したもの。

四季桜模様小袖（国立歴史民俗博物館）

江戸末期〜明治初期 | 絹 | 友禅染+刺繍

上前《うわまえ》から下前にかけて、桜の1年を描いている、遊び心あふれる裾模様《すそもよう》の小袖。満開の桜から葉桜、紅葉、雪におおわれる過程への移り変わりが面白い。

桜の一年の変化を一枚の小袖に

娘心も踊る色とりどりの花たち

百花繚乱《ひゃっかりょうらん》の振袖
（池田重子コレクション）

昭和 | 絹 | 染め

身体中に梅・菊・椿・牡丹などが咲き乱れる。鮮やかな色彩と写実的なタッチは、昭和前期によく見られる特徴。

日本人最愛の春の花、桜

緋《ひ》綸《りん》子《ず》地《じ》山桜《やまざくら》に鴛鴦《おしどり》流水《りゅうすい》模《も》様《よう》縫絞《ぬいしぼり》小《こ》袖《そで》（文化学園服飾博物館）

江戸後期　絹　刺繍+絞り

平安時代以来、日本の春の象徴とされてきた桜。その花の形が染織に意匠化されたのは意外に遅く、江戸時代になってからだった。

白地に藍のさわやかな夏衣

白《しろ》麻《あさ》地《じ》茅《ぼう》屋《おく》風《ふう》景《けい》模《も》様《よう》帷子《かたびら》（国立歴史民俗博物館）

江戸後期　麻　茶屋染

植物・建物・流水を合わせた模様が典型的な「茶《ちゃ》屋《や》辻《つじ》」は、江戸時代、武家女性の夏の礼装とされた帷子。

◆用語解説【帷子《かたびら》】— 夏に着る主に麻の単衣の小袖。湯上りに着るものは「湯帷子」という。

秋風にそよぐ 清楚な白菊

菊《きく》蔦《つた》模様《もよう》紋付《もんつき》着物《きもの》（文化学園服飾博物館）

大正　絹　友禅染

大正時代には、左右の褄《つま》にだけ模様のある「両褄模様」が流行った。二枚襲《がさね》として作られたので、全く同じものがもう一枚残されている。

冬の夜空に 振りしきる雪

雪持ち椿模様訪問着（図版協力:鈴乃屋）

平成　絹　染め

白椿と紅椿を雪が重たげにおおう、詩的な情景が、縮緬地に映える。左肩から上前に流れる模様は、着るとすっきりバランスよく見える。

絵画の美

きもの

どんな美?

きものというキャンバスに描かれた絵画

なぜ生まれた?

西洋の衣服が立体裁断なのに対し、日本の衣服は直線裁断で、広い平面を持つ。その平面を活かした模様が発達するにつれ、「実際に絵を描いてみよう」という発想が生まれたのは、ごく自然な成りゆきだったろう。

誰が、なぜ描いた?

画家が直接筆で描く、あるいは図案をデザインする小袖が生まれた背景には、知人やパトロンに依頼されたり、後ろ盾《だて》を失った画家が生活のために転職したり、呉服商の企画によったりなど、様々なケースがある。

いつから?

江戸時代前期〜

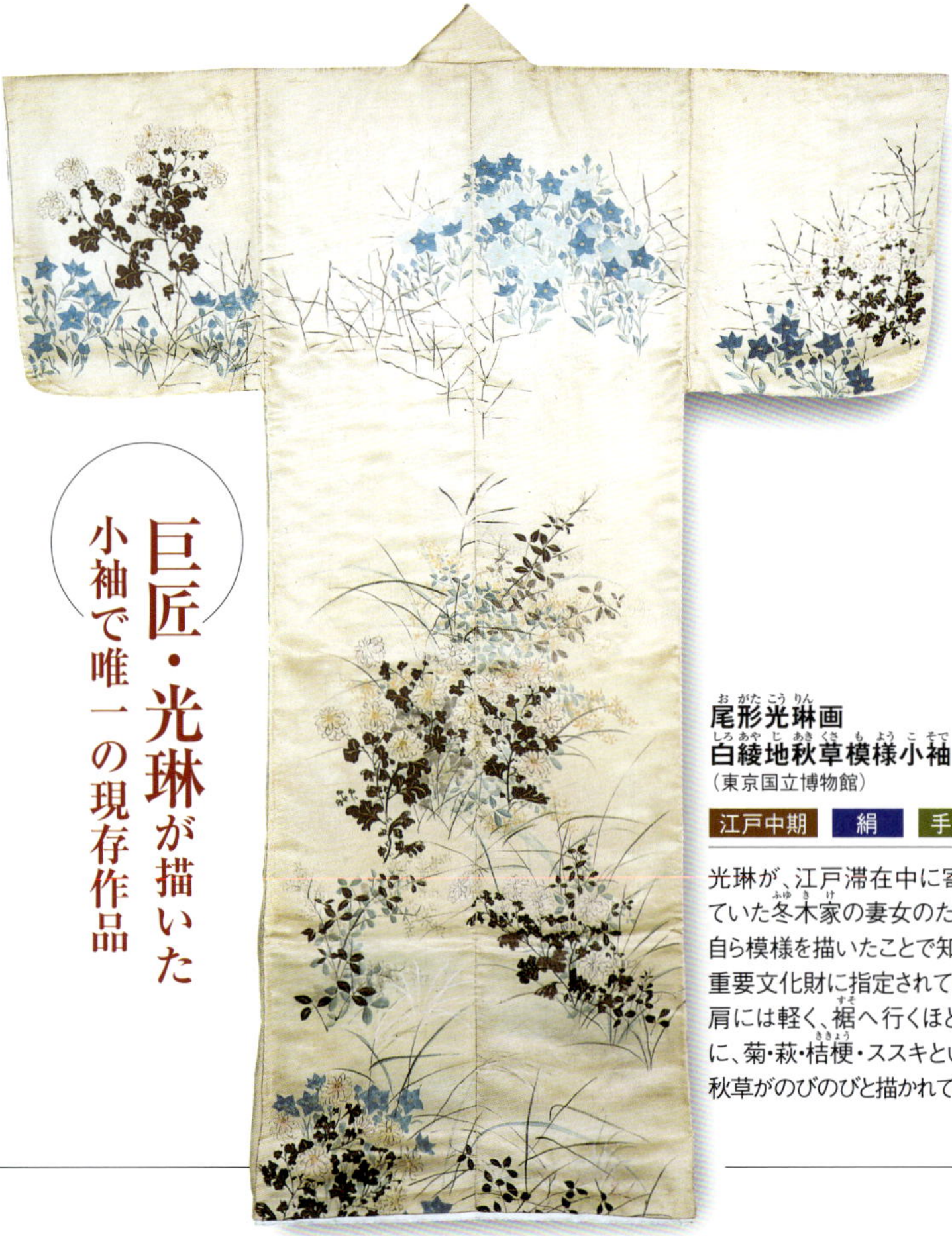

巨匠・光琳が描いた小袖で唯一の現存作品

尾形《おがた》光琳《こうりん》画
白綾《しろあや》地《じ》秋草《あき くさ》模様《も よう》小袖《こ そで》
（東京国立博物館）

江戸中期　絹　手描き

光琳が、江戸滞在中に寄居していた冬木《ふゆき》家の妻女のために、自ら模様を描いたことで知られ、重要文化財に指定されている。肩には軽く、裾《すそ》へ行くほどに密に、菊・萩・桔梗《ききょう》・ススキといった秋草がのびのびと描かれている。

きもの

着た時のバランスまで配慮された絵模様

酒井抱一《さかいほういつ》画
白《しろ》綸《ぬめ》地《じ》梅樹《ばいじゅ》下草《したくさ》模《も》様《よう》描《かき》絵《え》小袖
（国立歴史民俗博物館）

江戸後期　絹　手描き

草花図を得意とした抱一が、満開の梅を大きく描き、裾には愛らしいスミレとタンポポを配した。抱一は姫路藩主・酒井《さかい》忠以《ただざね》の弟で、琳派の1人として有名。

コラム

永遠のスタンダード・光琳《こうりん》模様

「琳派」というと、伊勢物語など古典のモチーフを大胆な構図でデザイン化した、斬新《ざんしん》な絵画や工芸を思い浮かべます。江戸中期、小袖でも〝光琳模様〟が二十年にわたり流行しましたが、実はその時期は光琳の晩年から没後にかけてのもので、彼自身が関わったとされる染織品は、右図などきわめて数少ないのです。

これは、呉服商などが当時から人気のあった光琳の作品を、部分的に小袖デザインに取り入れたものだったのですが、数百年を経た現在でも「光琳菊」などはきもの模様の定番として生き続けています。

名所図を身にまとい
心は旅の空へ

隅田《すみだ》川《がわ》納涼《のうりょう》文様《もんよう》単衣《ひとえ》
（東京国立博物館）

大正　絹　染め

18世紀なかばに町人階級の旅行ブームが起こって名所図会《めいしょずえ》が大流行してから、小袖にも京名所など風景をモチーフとした模様が積極的に取り入れられた。両国橋・虫籠の屋台などを描いた前面に、柳の枝を大きく配した、浮世絵的な構図が心憎い。

西洋の絵画のような新鮮な
構図と描法

アルプスお花畑模様の薄物
（池田重子コレクション）

大正　絹　染め

明治以降の西洋文化の流入によって、油絵を思わせるモチーフ・タッチ・色彩のきものが数多く作られた。

コラム

円《まる》山《やま》派《は》が下絵を描いた三井家の小袖

日本最大の呉服商である三井家は、江戸時代中期に活躍した画家・円山応挙《まるやまおうきょ》の後援者でもありました。衣服などに身分の制約が厳しい社会の中で、三井家の人々は他の町人には真似のできない、そして武家よりも手の込んだ衣裳を身に着けたいと願い、応挙本人や、あるいは彼の率いる円山派の画家たちに模様の下絵を描かせ、絞りや刺繍といった贅沢な技法を取り入れた独特の小袖を作らせたのです。

そして、明治の初期になると、維新で大名などのパトロンを失い、また時代遅れとされて失業していた日本画の画家たちが、友禅の下絵などを描き始めるようになりました。また、友禅染の職人の中には、積極的に日本画を学ぶ者も出てきました。

その結果、型にはまって面白味が無くなってしまっていたきものの模様に、写実性という新風が吹き込まれたのです。

緋《ひ》綸子《りんず》地《じ》扇《おうぎ》流《なが》し模様《もよう》
縫箔《ぬいはく》絞《しぼり》小袖《こそで》（左）と下絵（上）
（文化学園服飾博物館）

江戸後期 | 絹 | 友禅染+絞り+刺繍

13の扇面に、鶴・せきれい・菊・源《げん》氏車《じぐるま》などが描かれ、絞りで流水を表わしている。実際に円山派の画家が描いた下絵が残る、豪奢《ごうしゃ》な婚礼用の打掛《うちかけ》。

詩歌・物語の美

どんな美？

模様の奥にかくされた文学的な趣味

日本では、愛好する文学作品を美術や工芸で表現することが古くからさかんだったが、衣服においても平安時代から古歌や漢詩が装束《しょうぞく》に取り入れられてきた。

いつ生まれた？

問われる教養

桃山時代以降、人々は小袖の模様に凝《こ》るようになり、伊勢物語や源氏物語・能の謡曲など、文学的な意匠が登場した。それも、たとえば物語の登場人物を直接描くのではなく、謎解きを楽しむようにヒントとなるモチーフ数点を暗示的《あんじてき》に表わすという、着る人・見る人の教養が問われるような手法が好まれた。

くり返し愛唱されてきた百人一首の和歌

千《ち》鳥《どり》浜松《はままつ》汐汲《しおくみ》模《も》様《よう》小《こ》袖《そで》
（国立歴史民俗博物館）

江戸後期　絹

染め＋刺繍

腰から裾《すそ》に浜松の景色があり、その上を群れ飛ぶ千鳥。波に千鳥の意匠は和歌に関連しなくても好まれたものだが、この小袖は類似の作例からも百人一首の「淡《あわ》路《じ》しま　かよふ千鳥のなく声に　いく夜寝《ね》覚《ざ》めぬ須磨《すま》の関守《せきもり》」を表したものと考えられる。

王朝の悲恋をテーマにした能の謡曲《ようきょく》

御所車松楓菊萩模様振袖《ごしょぐるままつかえできくはぎもようふりそで》
(国立歴史民俗博物館)

江戸後期　絹　染め+刺繍

絶世の美女・小野小町《おののこまち》に「百夜通ってくれればあなたの愛にこたえます」と言われたが、九十九夜めで力尽きて命を落とした深草《ふかくさ》の少将《しょうしょう》。蓑笠《みのかさ》と源氏車《げんじぐるま》で、能の謡曲「通小町《とおりこまち》」のエピソードを表わす。

謡曲尽模様小袖《ようきょくづくしもようこそで》(国立歴史民俗博物館)

江戸後期　絹　友禅染+刺繍

コラム

盛り沢山な○○尽くし

江戸時代も半ばになると、一つの詩歌や物語では面白くないとばかりに、欲張りなデザインを思い付く人も出てきます。例えば、一枚の小袖に源氏物語五十四帖の中の「桐壺《きりつぼ》」「紅葉賀《もみじのが》」「浮舟《うきふね》」などいくつかのモチーフを組み合わせたり、様々な和歌を描いた短冊を散りばめたりといった趣向です。

左図は、謡曲の「紅葉狩《もみじがり》」「鉢木《はちのき》」「羽衣《はごろも》」「松風」「安宅《あたか》」など様々なモチーフを集めた、ユニークな小袖です。

多分野の芸術家を魅了した 伊勢物語の代表シーン

杜若《かきつばた》八橋《やつはし》模《も》様《よう》振袖《ふりそで》（国立歴史民俗博物館）

江戸中期　絹　染め

杜若に八橋は、伊勢物語「東下り《あずまくだり》」の段を表す定番のモチーフで、絵画や工芸でも多用されている。三《み》河《かわ》の国まで来た在原業平《ありわらのなりひら》が、八橋の地で「唐衣《からころも》　きつつなれにしつましあれば　はるばる来ぬる旅をしぞ思ふ」と詠《よ》んだ有名なエピソードにちなんでいる。

小道具が暗示する光源氏《ひかるげんじ》の運命的な出会い

単衣《ひとえ》鼠《ねずみ》浅《あさ》葱《ぎ》絽《ろ》地《じ》籠扇《かごおうぎ》に
庭園風景（源氏若紫《げんじわかむらさき》）模様《もよう》染繍《そめぬい》
（シルク博物館）

江戸後期　絹　染め+刺繍

縁台《えんだい》の上の倒れた鳥籠と、逃げる雀。これに摘草《つみくさ》と檜扇《ひおうぎ》と加えて、源氏と「雀の子を犬君《いぬき》(召使い)が逃がしつる」と泣きながら現れた美少女(のちの紫の上)との出会いを描く「若紫」の段を表している。

現代感覚で表現する雅《みや》びな源氏の意匠

草乃《くさの》しずか作
源氏物語きもの「夕霧《ゆうぎり》」
（図版協力：アトリエ草乃しずか）

平成　絹　染め+刺繍

草乃しずかは、第一線で活躍している現代の日本刺繍作家。夫の夕霧が落葉の宮のところに通うようになり、辛い日々を送る雲居《くもい》の雁《かり》。四季の移ろいを花紋を使って表現している。

文字の美

きもの

どんな美?

書としての形の面白さ 言葉の意味の奥深さ

はじめは、愛好する詩歌や物語の中に出てくるモチーフ（花や鳥）と数文字を組み合わせて、見る者に「何の詩歌が表してあるのだろう?」と思わせる謎解きを楽しんでいたが、やがて、「書の美」として文字の形そのものを意匠化するのが流行した。これは、日本人が古来から親しんできた文学の教養や、書への愛好と深く結びついている。

なぜ生まれた?

現代との類似点

アルファベットや漢字がプリントしてあるTシャツなど

いつから?

江戸時代初期～

和歌の文字を大胆かつカラフルに

白綸子《しろりんず》地斜縞《ななめじま》歌《うた》文字《もじ》模様小袖
(東京国立博物館)

江戸 | 絹 | 刺繍+染め

◆拾遺和歌集の「琴のねに 峯の松風かよふらし いづれのをより しらべそめけむ」(斎宮女御)からとられた文字を、ダイナミックな斜線と共にデザインしてある。

◆用語解説【拾遺和歌集《しゅういわかしゅう》】— 平安中期に、花山法皇の勅撰で作られたとされる和歌集。

連続するひらがなと色彩のリズム

芹沢鈺介《せりざわけいすけ》作
いろは文着物
(東北福祉大学
芹沢銈介美術工芸館)

昭和　絹　型染

文字をモチーフとした芹沢作品は数多く、いろは四十七文字も、きものだけでなく屏風・壁掛け等にくり返し用いられている。

華麗な美

きもの

どんな美？

人々が「美しい」と感じたもの・かたちをデザイン化

なぜ生まれた？

桃山時代になって戦乱が治まると、支配階級となった武士の好む豪快な意匠を反映した新しい文化が生まれた。衣裳も、それまでは平安時代の流れをくんで、単色に近い織りの地紋や重ね着の色目が重視されていたのに対し、一枚の小袖に刺繍や染めの技法を使って、伝統にとらわれない華やかな模様が表現され始めた。

画期的な改革

十七世紀末、友禅染の技法の完成により、それまでよりはるかに多彩で絵画のような染めが可能になった。友禅染は、以後日本を代表する染色技法となる。

草花文様《そうかもんよう》四《よ》つ替《がわ》り小袖
（京都国立博物館）

桃山 | 絹 | 刺繍+摺箔

模様を大きく4つに分け、春の梅・夏の藤・秋の楓・冬の雪持ち笹をデザインしている。◆段替《だんが》わりと◆縫《ぬい》箔《はく》で桃山の力強い気風を表現している、たいへん豪華な小袖。

大胆なデザインの上にカラフルな植物が踊る

◆用語解説【段替《だんが》わり】— 小袖全体の模様をいくつかのブロックに分け、交互に配置する事。

時代を経ても色あせないあでやかな友禅染

紅《べに》縮緬《ちりめん》地《じ》几帳《きちょう》檜扇《ひおうぎ》文様《もんよう》振袖《ふりそで》
（福岡市博物館）

江戸中期　絹　友禅染

公家をイメージさせる几帳や檜扇が、当時の町人のあこがれを感じさせる。友禅染と絞《しぼ》り染、2つの技法が華やかさを倍増させる贅沢な優品。

昭和に花開いた究極のきもの芸術

小泉清子デザイン
振袖「世紀のロマンス」
（セイコきもの文化財団）

昭和　絹　友禅染+刺繍+箔

縮緬地に、友禅染と刺繍・箔で源氏物語をテーマにし平安の恋模様を描き出した、戦後の染織技術の集大成のような振袖。これほどまでに豪華なきものは、今はなかなか見ることができない。

◆用語解説【縫箔《ぬいはく》】— 刺繍と摺箔《すりはく》(金箔・銀箔を接着させる)を合わせた装飾技法。

粋な美

どんな美？

シンプルさと渋さで着る人をきれいに見せる

なぜ生まれた？

幕府の度重なるぜいたく禁止令により、ファッションがしだいに地味になっていった江戸では、「目立たないところにこそ、洗練されたセンスを発揮《はっき》するのが粋」という美意識が育っていった。中でも、縞柄と小紋柄は特に愛された。

人気は縞と小紋

縦縞は体形をすっきり見せるが、柄が単純なだけに着こなしが難しく、着方によって粋にも野暮《やぼ》にもなったため、人々は神経を使った。遠目からは無地に見えるほど柄が細密な小紋は、もとは侍の裃《かみしも》の模様だっただけに、女性が着ると心意気を表すと共に、女らしい体形をひき立てた。

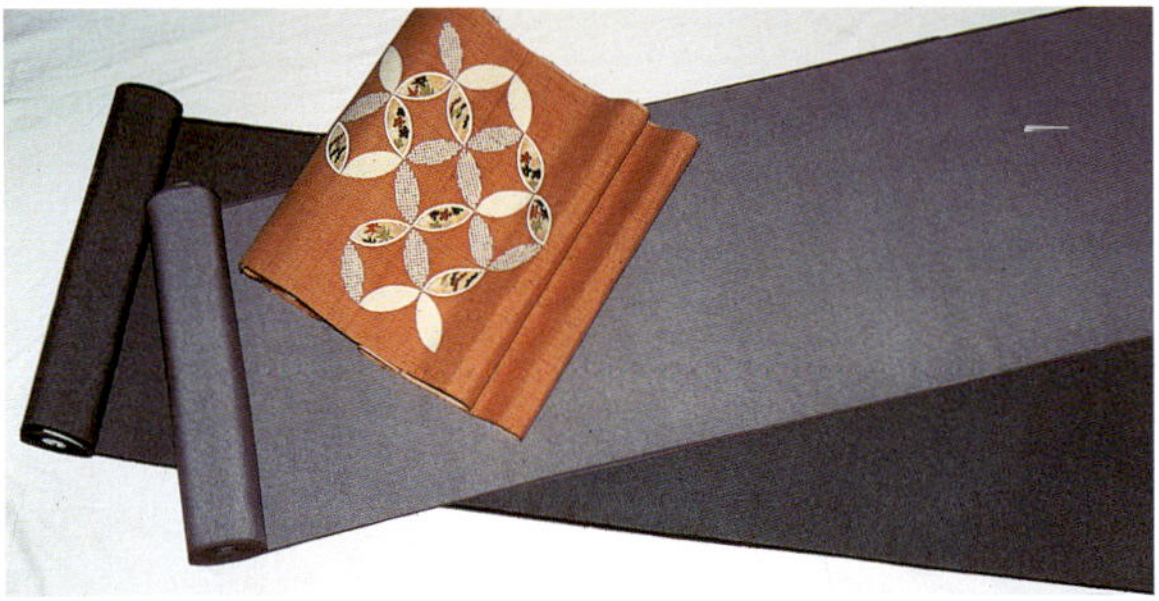

高度な技術を感じさせないさりげなさ

江戸小紋　行儀小紋（2点とも）（図版協力：竺仙）　平成　絹　型染

錐《きり》で微細な穴を開けた型紙を使って、白い生地に糊を置き、単色で非常に細かい連続模様を染める伝統的な江戸小紋は、熟練技を要する。なお「江戸小紋」とは、他の小紋と区別するために、昭和30年代に付けられた名称。

洒落《しゃれ》っ気と遊び心あふれる模様

江戸小紋　十二縞小紋（左）**と七宝小紋**（右）（図版協力：竺仙）　平成　絹　型染

代表的な鮫《さめ》小《こ》紋《もん》をはじめ、四季の風物や芝居・物語など、あらゆるモチーフを題材にした模様が江戸時代から考案され続けたのは、人々にいかに愛されてきたかの証《あかし》なのだ。

流行りすたりのない定番の模様

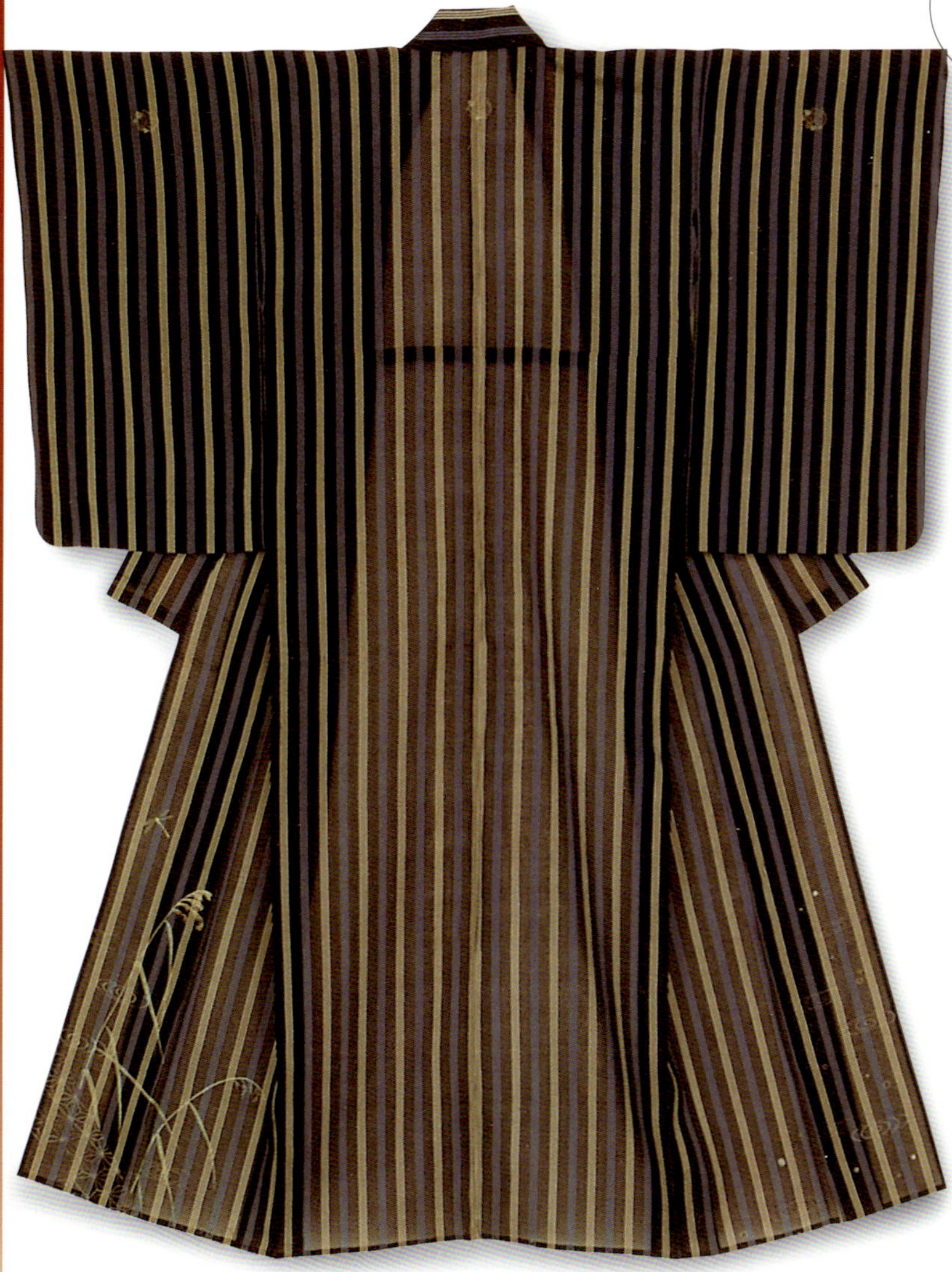

縞縮緬《しまちりめん》地《じ》薄《すすき》蜻蛉《とんぼ》模様《もよう》単衣《ひとえ》（文化学園服飾博物館） 大正末〜昭和初 絹 織り

江戸時代から続く豪商・三井家の夫人が着用したもの。縞模様には、「千筋《せんすじ》」「子持ち縞」など数多くのバリエーションがあり、図版のものは「三筋立《みすじだ》て」という。

大胆な美

きもの

どんな美？

エネルギッシュな構図と強くあざやかな配色

2度の新しい波

小袖からきものに続く歴史の中で、目ざましく大胆で新鮮なデザインが流行った時期が二度ある。

寛文と大正

江戸時代初期、経済力をつけて武家に代わるファッションリーダーとなった町人は、◆かぶき者や遊女の斬新《ざんしん》な衣裳にあこがれ、のびのびと動きのある模様の寛文小袖《かんぶんこそで》を生み出した。それ以後、幕府の厳しい統制により、庶民の衣服は地味になっていくが、明治以後きものの模様は次第に明るさをとり戻し、大正期には、開放的なアメリカモダンの影響を受けた派手で大柄な◆銘仙《めいせん》が登場した。

生き生きとして躍動的な曲線模様

菊水《きくすい》模様絞縫箔小袖
（国立歴史民俗博物館）

江戸 | 絹 | 絞り+刺繍+箔

寛文《かんぶん》年間(1661～1672)に流行した様式で「寛文小袖」と言われる。黒綸子《くろりんず》地《じ》に大きな菊を紅鹿《べにか》の子《こ》、流水を藍鹿《あいか》の子《こ》で表す。波頭《なみがしら》と小さな菊は刺繍。背面の大きな余白と、弧を描くような構図の模様が印象的。

◆用語解説【かぶき者】— 江戸時代初期、人目に立つ異様な格好で、傍若無人にふるまった人々。

強烈なまでに カラフル&ポップ

上図:**麻《あさ》の葉《は》模様《もよう》銘仙《めいせん》きもの**(須坂クラシック美術館) 大正 絹 絣織
下図:**矢《や》羽《ば》根《ね》模様《もよう》銘仙《めいせん》きもの**(須坂クラシック美術館) 大正 絹 絣織

大正時代から昭和の初めにかけて若い娘たちの間で流行した、伝統的な縞や矢《や》絣《がすり》を極端な大柄と濃厚な色彩であしらった銘仙は、現代の私たちから見ても新鮮に映る。

◆用語解説【銘仙《めいせん》】— 安価な絹糸などで縞や絣柄を表わした織りもので普段着用。

可憐な美

きもの

どんな美？

女心を永遠にくすぐる愛らしい柄、ファンシーな色

仔犬をデザイン化

「かわいいものが大好き」という気持ちは、女性ならどんな年代でも共通のもの。江戸時代でもその思いは同じなようで、とりわけ丸々とした仔犬の意匠が好まれた。小袖に限らず、浮世絵や蒔絵《まきえ》などの工芸品にもその愛くるしい姿がくり返し表現されている。

かわいさの系譜

現代も、小動物や小花の模様、パステル系の色調と、かわいいきものは数多いが、最近アンティークきものショップ等で手に入る、太平洋戦争の前ごろに作られたさくらんぼやスズランなどの洋服のような柄の銘仙《めいせん》は、またひと味違った愛らしさを演出できる。

お花模様と動物柄の組合せ

遊《ゆう》狗《く》草《くさ》花《はな》模《も》様《よう》小袖《こそで》（国立歴史民俗博物館） 江戸後期〜明治初期 絹 刺繍+染め

タンポポ・スミレ・れんげの花のなかでたわむれる愛らしい仔犬。地の色は地味だが、草花にも仔犬にも同じパターンがないところが、こだわりを感じさせる。

カラフルな古典柄は、ワンランク上の可憐さ

四季草花模様付下げ小紋
（セイコきもの文化財団）

昭和　絹　染め

白《しろ》綸《りん》子《す》地《じ》に色とりどりの花や植物を染めた、クラシックな模様は、若い娘の初々《ういうい》しさに似つかわしい。図では見えないが◆八《はっ》掛《かけ》の淡いピンクも絶妙。

◆用語解説【八《はっ》掛《かけ》】— きものの裏地部分で、歩くとき意外に目立つ。裾回《すそまわ》しともいう。

洋風の美

きもの

西洋文化のモチーフをきものの上に生かす

どんな美？

西洋柄のきもの

明治の文明開化によって、一般の人々がファッションにとり入れた西洋文化は、スカートなどの洋装ではなく、きものの模様としてだった。

デザインの新風

明治以降に刷新がはかられた友禅染などの意匠が次第にマンネリ化し、新しい発想が求められる中で、明治末期から大正にかけて紹介されたアール・ヌーヴォーやアール・デコのデザインは、意欲的にきものにとり入れられた。また、同時期に流入してきた西洋絵画、つまり油絵のようなタッチで描かれた模様も流行した（→22ページ下図）。

アール・ヌーヴォーの流麗な曲線

装飾文訪問着
（図版協力：大彦《だいひこ》）

平成　絹　染め+刺繍

◆アルフォンス・ミュシャの絵画を思わせる、優美な友禅染が美しい。アール・ヌーヴォーはもともと日本美術にも影響を受けているので、きものの模様になっても違和感がない。

◆用語解説【アルフォンス・ミュシャ】―チェコ出身。流麗な曲線が特徴の、アール・ヌーヴォーを代表する画家（1860～1939）。

西洋の油絵を思わせる写実的な細密描写

風景装飾文留袖（部分）（図版協力：大彦） 平成 絹 染め+刺繍

西洋的なモチーフの鏡や食器と花を組み合わせた斬新な友禅染が黒地に映える。各所にほどこされた刺繍がアクセントに。

参考裂《さんこうぎれ》 古城遠望《こじょうえんぼう》（図版協力：大彦） 平成 絹 染め+刺繍

西洋画そのもののような質感を追求するのは、単なる西洋趣味ではなく、東京友禅の細かい◆糸目糊《いとめのり》とぼかしの技法を究極まで高めるため。

◆用語解説【糸目糊《いとめのり》】— 友禅の染料が混ざり合うのを防ぐため、下絵に沿って細い線状に付ける糊。

名匠の美

きもの

どんな美?

伝統を超え、独自の表現世界を創造する

染織に限らず、日本の工芸品の多くはもともと無名の職人たちの手によって築き上げられてきたが、中には伝統を学びながらも自分だけの独創的な技法や意匠を徹底的に追い求め、技術者を超えた芸術家として名をなす人々もいる。

なぜ生まれた?

その作品が広く世に紹介されることによって、工芸の魅力が一般に伝わり、産業の活性化や後継者の育成につながるのだ。

さまざまな染織の技

染織の場合、友禅染や紬織《つむぎおり》をはじめ小紋《こもん》・藍染《あいぞめ》・刺繍など多くの分野で、達人と称《たた》えられる人々を輩出している。

どこか懐《なつ》かしい詩情あふれる型《かた》絵《え》染《ぞめ》

芹沢《せりざわ》銈介《けいすけ》（1895〜1984）

沖縄の紅型《びんがた》に影響を受けた「型絵染《かたえぞめ》」で知られ、その豊かな色彩と群を抜いたデザイン性は現在でも絶大な人気を誇る。柳宗悦《やなぎむねよし》が提唱した民藝《みんげい》運動《うんどう》の主要作家の一人でもある。

芹沢銈介《せりざわけいすけ》作　小川紙漉村文着物《おがわかみすきむらもんきもの》
（東北福祉大学芹沢銈介美術工芸館）

昭和18年　絹　型絵染

芹沢は、やきものの窯場《かまば》や和紙の紙漉村など、伝統工芸の産地を意匠化することも好んだ。◆紅型から学んだぼかしの立体感と明るい色使いで、のどかな村の光景を表現している。

◆用語解説【紅型《びんがた》】— 鮮やかな色彩とぼかしが特徴的な、沖縄の伝統的な型染。

厳しく豊かな自然そのままの表現

熊谷好博子《くまがいこうはくし》作　木《こ》の葉摺《はず》り着物「山湖」
（文化学園服飾博物館）

昭和39年　絹　友禅染

木の葉摺りとは、山吹などの葉を並べてその上に生地を置き、染料を摺りつける技法。葉の1枚1枚を森の木々に見立て、幻想的な光景を表現している。

熊《くま》谷《がい》好《こう》博《はく》子《し》（1917〜1985）

日本画と東京友禅を学び、細密な友禅の伝統的表現を経て、木《こ》の葉摺《はず》り・石摺《いしず》り・杢目摺《もくめず》りなど、「天然自然造形」と呼ぶ独自の表現技法を開拓した。

自然から引き出した色彩の調和美

志村ふくみ作　虫襖《むしあお》
（東京国立近代美術館）

昭和53年　絹　紬織

美しい緑色のグラデーションに、明るいピンク・黄・青のラインが走る色彩のハーモニーは、他には真似のできない個性的なデザイン感覚。虫襖とは重ねの色目の名称で、表は青、裏は◆二藍《ふたあい》か◆薄色《うすいろ》。

志《し》村《むら》ふくみ（1924〜）

自然の染料が生み出す色彩に徹底的にこだわり、その色の組み合わせを独特の感性で見事に調和させて、伝統柄が主だった紬織《つむぎおり》の世界に衝撃的な新風をもたらした。

◆用語解説【二藍《ふたあい》】— 赤みをおびた青　【薄色《うすいろ》】— 薄紫

素朴な美

どんな美？

農村で育《はぐく》まれた織りものはくだけた絣《かすり》の模様が魅力

高級な絹を着られない庶民の衣服は、古来から着心地のよさや便利さが追求されてきた。その中心は長らく麻だったが、江戸時代になると綿花の栽培が普及し、通気性や耐久性にすぐれた木綿が麻に代わった。その頃、質の悪いくず繭《まゆ》を利用した節のある糸で織る紬織も、各地で発達した。

なぜ生まれた？

紬・木綿・麻は、先染めした糸で模様を表す絣の技術で織られる場合が多い。その模様は不ぞろいでまさしく「かすれ」ているが、ひなびた風情はノスタルジックな温かみに満ちている。

なつかしい模様

軽くて温かく、体になじむ紬

大島紬《おおしまつむぎ》（図版協力：本場奄美大島紬協同組合）

平成　絹　織り

鹿児島県の奄美大島で作られる、精密な織りの模様と、泥によるつややかな黒色が人気の大島紬は、今やあこがれの一級品。現在は生糸を用いる。

紬［つむぎ］

［特色］節のある紬糸で織るので均一性や滑らかさはないが、落ち着いた光沢が江戸時代から通人に愛された。

［主な産地］結城紬（栃木・茨城）／牛首紬（石川）／郡上紬（岐阜）／信州紬（長野）／久米島紬（沖縄）ほか

肌ざわりよく丈夫な藍染の木綿

絣［かすり］

［特色］素材を問わず、糸を部分的に染めて織り出す模様は「絣」というが、木綿の絣織りの場合、特定の産地を付けて「久留米絣」などと名付けることが多い。

［主な産地］　弓浜絣（鳥取）／伊予絣（愛媛）／備後絣（広島）／薩摩絣（宮崎）ほか

久留米絣《くるめがすり》（図版協力：久留米地域地場産業振興センター）

昭和　木綿　織り

幾何学文様や、積み木を並べたようなかっちりした模様が特徴の久留米絣は、木綿だけでなく、絹やウールも作られている。

しぼが快く通気性のある縮

縮［ちぢみ］

［特色］強く撚りをかけた糸を糊付けして織る。最後にその糊を洗い落とすと生地の表面にできるしぼ＝しわが特徴。素材は、麻・木綿・絹・混合など様々。

［主な産地］　小千谷縮（麻・新潟）／銚子縮（木綿・千葉）ほか

阿波正藍《あわしょうあい》しじら織
（図版協力：徳島工芸村）

昭和　木綿　織り

しぼ＝しわの清涼感が肌に心地よい徳島県のしじら織りは、名産である阿波藍の美しい色合いも見どころ。

さらりと快適、しなやかな上布

宮古上布《みやこじょうふ》（図版協力：宮古織物事業協同組合）

平成　麻　織り

沖縄産の、なめらかで光沢のある上布。阿波などの藍染とは異なる「泥藍」という技法で染めるため、独特の深みがある。

上布［じょうふ］

［特色］　通気性抜群で、湿気の多い日本の気候に合う麻。庶民の普段着に対して上質な細い麻糸で織る薄地で軽やかなものは、上布と名づけられた。

［主な産地］
越後上布（新潟）／
能登上布（石川）／
近江上布（滋賀）／
八重山上布（沖縄）
ほか

特集

能装束《のうしょうぞく》

華麗にして荘重、日本の織り技術の最高峰

特色

西陣などで作られている、金糸・銀糸を使った多彩で精密な織りものは、現在ではきものとして着られることはほとんど無く、主に帯地として使用されます。しかし、それを実際に「着る」場合もあります。能舞台の装束としてです。

能装束は形や文様、着方によって身分・心情を表わすなど極端に象徴化されており、能舞台の幽玄《ゆうげん》な世界をみごとに演出していますが、その重厚な見た目とは裏腹に、能役者が演じやすいよう、高度な技術で軽量化されています。

成り立ち

信仰と結びつき寺社で演じられていた田楽《でんがく》や申楽《さるがく》は、室町時代に観阿弥《かんあみ》・世阿弥《ぜあみ》の登場によって足利将軍をはじめとする武家に支持され、能楽として完成しました。その装束は、はじめは日常の衣服とあ

能装束
段《だん》に霞松竹梅文唐織《かすみしょうちくばいもんからおり》
(林原美術館)

江戸　絹　刺繍+織り

江戸時代、能は武家の式楽となって将軍や大名に保護された。備前岡山藩池田氏はとりわけ能楽を愛好したので、林原美術館に伝わる池田家旧蔵の能装束は、華麗な優品が多い。

まり変わらないものが使われていたようですが、好演の褒美《ほうび》として将軍や大名が着ているものをその場で与える「小袖脱ぎ」が流行し、それをまた舞台で着用するなどして、次第に高級化したと思われます。やがて桃山時代に開花した華やかな小袖の意匠を取り入れ、江戸時代を通じて洗練され、現在につながる豪華で象徴的なものになっていきました。

種類

能装束は、いちばん上に着る「表着《おもてぎ》」、表着の下に着る「着付」、下半身にはく「袴《はかま》」、女役が鬘の上につける「鬘帯《かずらおび》」、腰に巻く「腰帯」などがあります。また、男役と女役が着るものにも大まかな区別があります。

◆主な能装束の種類

名称	性別	種類	特　徴
唐織*	女	表着	様々な色糸を刺繍のように浮かせて織る。能装束で最も美麗
長絹			絽・紗地に金銀や色糸で文様を織り出す。主に舞を舞う女役用
摺箔*		着付	型紙を使って糊を置き、金箔・銀箔を摺りつけて文様を表す
縫箔*			多彩な刺繍と金・銀の摺箔を合わせて文様を表す
狩衣	男	表着	袷は身分の高い役や鬼神、単衣は公達などの役に用いる
法被			鎧や超現実的な衣服を象徴する
厚板*		着付	唐織と同じ多彩な織りものだが、男役用なので色や文様が渋い

*能装束としての名称と、織りものの生地の名称と、2つの意味をもつ。

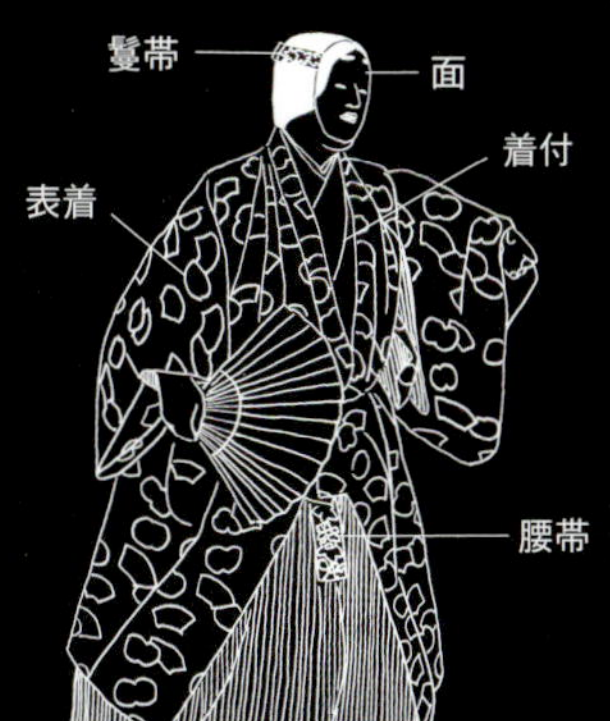

山口安次郎作
「長絹《ちょうけん》　納戸地《なんどじ》　花篭青海花枝散《はながごせいがいはなえだちら》し文様《もんよう》」
「厚板　段替り　青海波《せいがいは》に丸龍飛雲《まるりゅうひうん》文様」
「大口　白地　波に楓文様」
平成

西陣に生まれた山口安次郎は100歳を超えても意欲的に能装束を織り続けた。

帯の歴史

スタイルの移り変わり

1 「はだけ防止紐《ひも》」から、長く・広く進化

「帯」という言葉そのものは、古事記《こじき》や万葉集《まんようしゅう》に出てくるほど古いものですが、現在のように衣服の表面に現れるようになったのは、やはり小袖が一般的な表着《おもてぎ》になった室町時代中期以降でしょう（14ページ参照）。

はじめは、小袖の前がはだけないよう固定する紐や幅の細い生地だったものが、江戸時代を通じて次第に幅広く、長くなっていき、幕末には幅約六十八センチ、長さは四メートル以上にもなり、その長さや重さを支えるため、帯締《おびじ》めや帯揚《おびあ》げも登場しました。なお、現在一般的に締められている袋帯と名古屋帯が出現したのは意外に新しく、大正時代以降のことです。

2 実用品から装飾品へ発達

現在は、振袖など特別な場合でない限り、江戸時代後期に生まれたとされるお太鼓結《たいこむす》びが一般的で、結び目の位置も後ろ（背面）と決まっていますが、江戸時代初期までは、結び方も位置（前・横・後ろ）も自由でした。幅がだんだん広くなって、帯も小袖と同様に装飾性をもつようになると、色彩も模様も豊かになり、結び方も様々なバリエーションが考案されました。

帯キーワード

丸帯《まるおび》 最も格が高い礼装用の帯で、六十八センチ幅の帯地を二つに折って仕立て、長さは四・四メートルにもなる。現在はほとんど使われていない。

袋帯《ふくろおび》 戦後から、丸帯に代わって礼装用となった。柄が表のみで裏は無地なので、比較的軽い。はじめは袋状に織られていたが、現在は二枚の帯地を縫い合わせたものが多い。

名古屋帯《なごやおび》 て先から胴回りを半幅に仕立てるものが一般的。大正時代に名古屋で考案され、軽くて締めやすく、経済的な帯として広まった。準礼装向けやカジュアル向けがある。

郵　便　は　が　き

恐縮ですが
切手をお貼り
ください

170-0011

東京都豊島区池袋本町 3 − 31 − 15

(株)東京美術　出版事業部　行

毎月 10 名様に抽選で
東京美術の本をプレゼント

この度は、弊社の本をお買上げいただきましてありがとうございます。今後の出版物の参考資料とさせていただきますので、裏面にご記入の上、ご返送願い上げます。
なお、下記からご希望の本を一冊選び、○でかこんでください。当選者の発表は、発送をもってかえさせていただきます。

もっと知りたい歌川広重
もっと知りたい伊藤若冲
もっと知りたいムンク
もっと知りたいベラスケス
もっと知りたい東大寺の歴史

すぐわかる日本の美術［改訂版］
すぐわかる西洋の美術
すぐわかる画家別 近代日本絵画の見かた
すぐわかる画家別 水彩画の見かた
すぐわかる産地別やきものの見わけ方［改訂版］

てのひら手帖【図解】日本の絵画
てのひら手帖【図解】日本の仏像
演目別 歌舞伎の衣裳 鑑賞入門
吉田博画文集
ブリューゲルとネーデルラント絵画の変革者たち
オットー・ワーグナー建築作品集
ミュシャ スラヴ作品集
カール・ラーション
フィンランド・デザインの原点
かわいい琳派
かわいいジャポニスム
かわいいナビ派

お買上げの本のタイトル（必ずご記入ください）

お名前《フリガナ》　　　　**年齢**　　歳（男・女）

ご職業

ご住所

〒　　　　　（TEL　　　　）

e-mail

●この本をどこでお買上げになりましたか？

書店／　　　　美術館・博物館

その他（　　　　）

●最近購入された美術書をお教え下さい。

●今後どのような書籍が欲しいですか？　弊社へのメッセージ等もお書き願います。

●記載していただいたご住所・メールアドレスに、今後、新刊情報などのご案内を差し上げてよろしいですか？　□ **はい**　□ **いいえ**

※お預かりした個人情報は新刊案内や当選本の送呈に利用させていただきます。原則として、ご本人の承諾なしに、上記目的以外に個人情報を利用または第三者に提供する事はいたしません。ただし、弊社は個人情報を取扱う業務の一部または全てを外部委託することがあります。なお、上記の記入欄には必ずしも全て答えて頂く必要はありませんが、「お名前」と「住所」は新刊案内や当選本の送呈に必要なので記入漏れがある場合、送呈することが出来ません。

個人情報管理責任者：弊社個人情報保護管理者

※個人情報の取扱に関するお問い合わせ及び情報の修正、削除等は下記までご連絡ください。

東京美術出版事業部　電話 03-5391-9031　受付時間：午前10時～午後5時まで（土日、祝日を除く）

色がきれい！
わかりやすいと大評判！

もっと知りたいシリーズ

ART BEGINNERS' COLLECTION

全84点 刊行中

ひとりの画家や流派と向き合いたい方に

『もっと知りたい伊藤若冲』改訂版より

『もっと知りたいラファエル前派』より

すぐわかるシリーズ

美術 宗教 歴史 文芸

知りたいことがきっと見つかる！

- テーマと内容がひと目でわかる
- 代表作や名品を精選、見方のポイントをズバリ
- 理解が深まるコラムやチャート

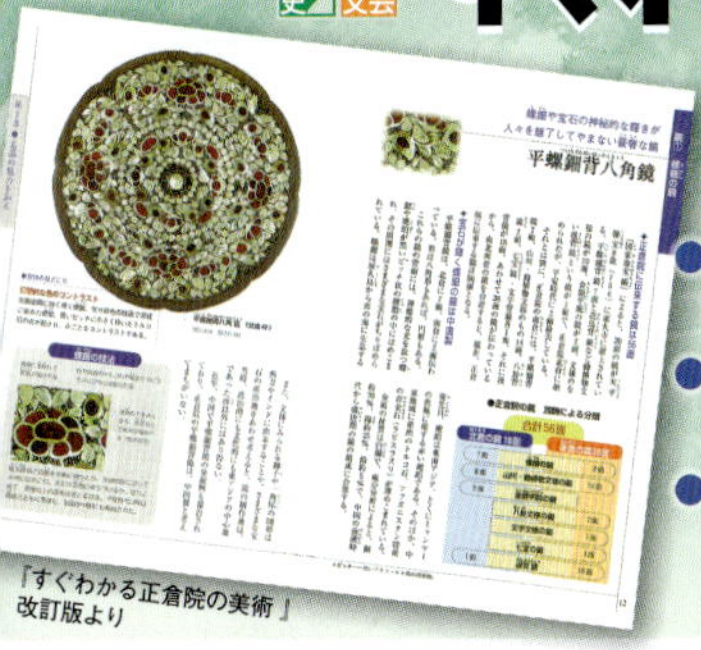

『すぐわかる正倉院の美術』改訂版より

『すぐわかる キリスト教絵画の見かた』改訂版より

Kawaii かわいいシリーズ

美術がグッと近くなる！

「かわいい」をキーワードに楽しく学べる入門書！
（派生バージョン「あやしい」も登場）

『かわいい絵巻』より

ToBi selection

忘れがたい足跡を遺した作家や作品を選りすぐって紹介。

「通好み」のあなたへ

株式会社 東京美術
〒170-0011 東京都豊島区池袋本町 3-31-15
TEL：03-5391-9031 FAX：03-3982-3295
https://www.tokyo-bijutsu.co.jp

◆ご注文は、なるべくお近くの書店をご利用ください。店頭にない場合でも書店からお取り寄せできます。
◆小社に直接ご注文される場合は、代金引換のブックサービス宅急便にてお送りします

1960年に創業した東京美術は、おかげさまで2020年、創立60周年を迎えます。これからも変わらぬご愛顧を賜りますよう、宜しくお願い申し上げます

ABC
ART BEGINNERS' COLLECTION

アート・ビギナーズ・コレクション

もっと知りたい シリーズ

生涯や変遷をたどりながら
各年代を特徴づける
名作をじっくり鑑賞

B5判
72~104頁
オールカラー

価格は本体価格（税抜）、
★印は増補改訂・改題版を示します。

江戸と明治、狩野派と浮世絵……二つを生きた絵師の悲哀とほとばしる画才

もっと知りたい
河鍋暁斎
狩野博幸 著
1,800円

狂気ゆえか無頼ゆえかアヴァンギャルドな逸脱表現の魅惑

もっと知りたい
曽我蕭白
狩野博幸 著
1,600円

他の追随を許さない卓抜した描写力で日本画史上に輝く巨匠の魅力

もっと知りたい
竹内栖鳳
平野重光 監修
1,800円

写生派という、新しいスタイルを生み出した近代日本画の祖

もっと知りたい
円山応挙
樋口一貴 著
1,800円

自然への共感と人生に対する歓びを強い意志と熱情で描いた日本画の巨匠

もっと知りたい
横山大観
古田 亮 監修・著
2,000円

型破りな発想と自在に走る絵筆現代人を惹きつける蘆雪の魔力

もっと知りたい
長沢蘆雪
金子信久 著
2,000円

おおらかな気を放つ機知と豊麗の様式美琳派はここから始まった

もっと知りたい
俵屋宗達
村重 寧 著
1,600円

型破りな水墨表現に見え隠れする、乱世を生き抜いた「画聖」の個性的素顔

もっと知りたい
雪舟
島尾 新 著
1,800円

大観が認めた天性の色彩感覚とすぐれた画力夭折の日本画革新者

もっと知りたい
菱田春草
尾崎正明 監修
1,800円

幕末前夜の江戸下町に、世界が刮目する天才画家がいた

もっと知りたい
葛飾北斎
永田生慈 監修
1,800円 ★

「宗達」を見出し、世界に誇る装飾芸術を大成した琳派最大の巨人

もっと知りたい
尾形光琳
仲町啓子 著
1,600円

融通《ゆうずう》無碍《むげ》な精神があふれだす大胆・幽妙のイマジネーション世界

もっと知りたい
雪村
小川知二 著
1,600円

京の町がはぐくんだ、清廉な色香漂う美人画の極致

もっと知りたい
上村松園
加藤類子 著
1,600円

伝統のなかに息づくモダン、詩情たたえる花鳥画と風景画の名手

もっと知りたい
歌川広重
内藤正人 著
1,600円

サロンのスターが江戸の粋を凝縮、理知が支えた優美艶麗

もっと知りたい
酒井抱一
玉蟲敏子 著
1,600円

傑作「松林図屏風」をものした絵師は、みずみずしい色彩画の妙手だった

もっと知りたい
長谷川等伯
黒田泰三 著
1,800円

究極の形と色を求め身近な生き物たちを描き続けた超俗の画家の97年

もっと知りたい
熊谷守一
池田良平 監修・著
1,800円

庶民とともに生きた江戸っ子絵師の愛すべき素顔と仰天浮世絵！

もっと知りたい
歌川国芳
悳 俊彦 著
1,600円

千年先を見据えた強烈な個性、「動植綵絵」のめくるめく興奮

もっと知りたい
伊藤若冲
佐藤康宏 著
1,800円 ★

「琳派の祖」という枠を超えた、諸芸術の天才のあくなき美の探究

もっと知りたい
本阿弥光悦
玉蟲敏子ほか 著
2,000円

浮世絵の基礎知識と主要な作品を網羅。初期浮世絵も充実の浮世絵入門の決定版

もっと知りたい
浮世絵
田辺昌子 著
2,000円(予価)

皇室とのつながりと真言密教の頂点。所蔵の宝物が語る優雅で厳粛な歩み

もっと知りたい
仁和寺の歴史
久保智康・朝川美幸 著
2,000円

帝都600年の濃密な歴史が生み出した栄光と退廃の文化

もっと知りたい
世紀末ウィーンの美術
千足伸行 著
1,800円

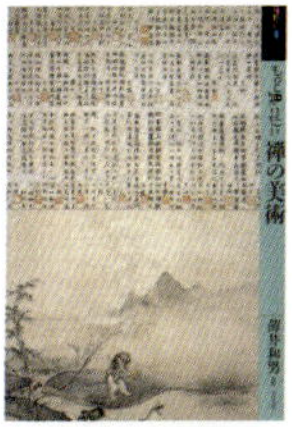

悟りの境地を絵画や枯山水で表現。具現化された禅の心を読み解く

もっと知りたい
禅の美術
薄井和男 監修
2,000円

運慶と快慶——。二人の天才を擁した鎌倉仏師の一大流派、その真価と興隆の秘密

もっと知りたい
慶派の仏たち
根立研介 著
2,000円

NOW PRINTING

モダンデザインのルーツがここに。世界に影響を与えた造形学校のすべて

もっと知りたい
バウハウス
杣田佳穂 著
2,000円(予価)

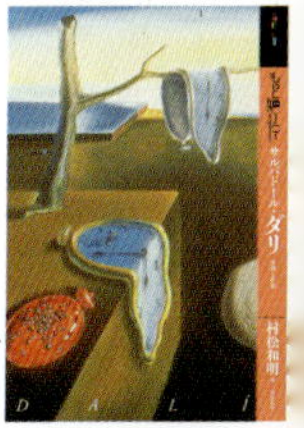

形やしぐさを読み解き、古代の暮らしを再現。はにわの魅力にどっぷりつかる!

もっと知りたい
はにわの世界
若狭 徹 著
1,800円

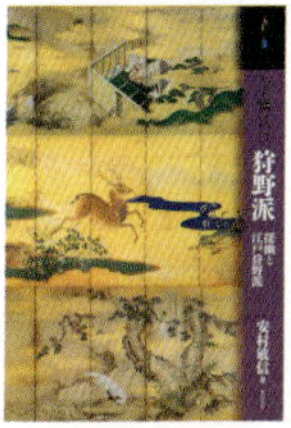

一門の実力が見せつける百花繚乱、天才奇才の競演

もっと知りたい
狩野派 —探幽と江戸狩野派—
安村敏信 著
1,800円

最古の木造伽藍《がらん》は仏像彫刻の源流と日本仏教の歴史を知る仏像の一大宝庫

もっと知りたい
法隆寺の仏たち
金子啓明 著
1,800円

書の美を一変させた、真筆がなくても崇められる実力と、「神格化」ラプソディ

もっと知りたい
書聖王羲之の世界
島谷弘幸 監修
1,800円

最大最強画派のカリスマ絵師と京の後継者たちの栄光と苦難

もっと知りたい
狩野永徳と京狩野
成澤勝嗣 著
1,800円

遷都千三百年、古都の移ろいの中たたずみ続ける仏たちのまなざし

もっと知りたい
興福寺の仏たち
金子啓明 著
1,800円

鑑賞対象としての刀剣とその外装を美術史の文脈と知見で紹介

もっと知りたい
刀剣
名刀・刀装具・刀剣書
内藤直子監修・著
2,000円

万巻の書を読み万里の道を行く——自娯の境地に遊ぶ表現者たちの多様性

もっと知りたい
文人画
大雅・蕪村と文人画の巨匠たち
黒田泰三 著
2,000円

根本道場の諸尊に、巨人空海が創出した新たな密教の世界観をみる

もっと知りたい
東寺の仏たち
東寺 監修
1,800円

今後の刊行予定

『もっと知りたい **薬師寺の歴史**』

2020年2月刊行予定

国よ民よ、安寧なれ。守り伝えられてきた創建時の精神と文化、その壮大な物語

もっと知りたい
東大寺の歴史
坂東俊彦ほか 著
1,800円

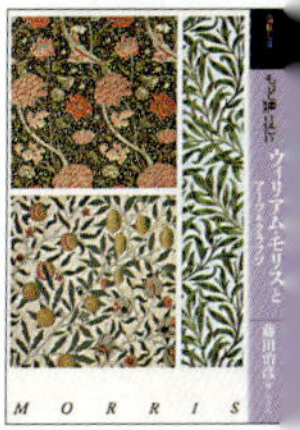

ビリービンとロシア絵本の黄金時代 改訂版

田中友子 著
2,500円

レーピンとロシア近代絵画の煌めき

籾山昌夫 著
2,500円

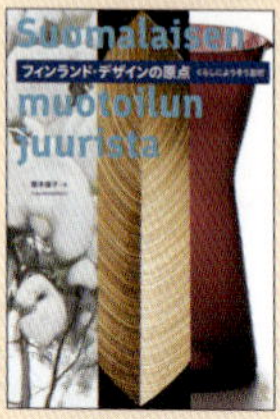

フィンランド・デザインの原点
くらしによりそう芸術

橋本優子 著
2,600円

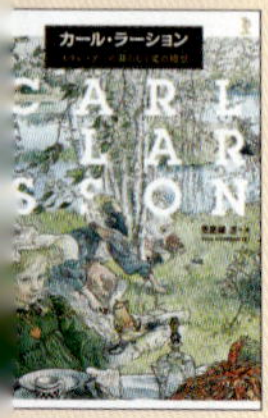

カール・ラーション
スウェーデンの暮らしと愛の情景

荒屋鋪透 著
2,600円

ヴィルヘルム・ハマスホイ
静寂の詩人

萬屋健司 著
2,500円(予価)

ウォーターハウス
夢幻絵画館

川端康雄 監修
2,600円

神坂雪佳
琳派を継ぐもの

細見美術館 監修
2,600円

鈴木其一
琳派を超えた異才

河野元昭 著
2,800円

小村雪岱
物語る意匠

埼玉県立近代美術館 監修
2,800円

橋口五葉
装飾への情熱

西山純子 著
2,600円

アール・デコの〈挿絵本〉
ブックデザインの誕生

鹿島 茂 著
2,800円

鏑木清方
清く潔くうるはしく

宮﨑 徹 著
2,600円

作品集

A4判 168～200頁 オールカラー

大きな判型で細部までじっくり鑑賞

油彩画や版画、絵巻、ポスター、建築まで、大画面で作品に迫ります。

ミュシャ作品集
パリから祖国モラヴィアへ

千足伸行 著
2,800円

ミュシャ スラヴ作品集

千足伸行 著
3,000円

フェルメール作品集

小林賴子 著
2,800円

モネ作品集

安井裕雄 著
3,000円

伊藤若冲作品集

太田 彩 著
3,000円

クリムト作品集

千足伸行 著
3,000円

川瀬巴水作品集 増補改訂版

清水久男 著
3,200円

アンドリュー・ワイエス作品集

高橋秀治 著
3,200円

吉田博作品集

安永幸一 著
3,000円

藤田嗣治作品集

清水敏男 著
3,200円

新版画作品集
なつかしい風景への旅

西山純子 著
3,000円

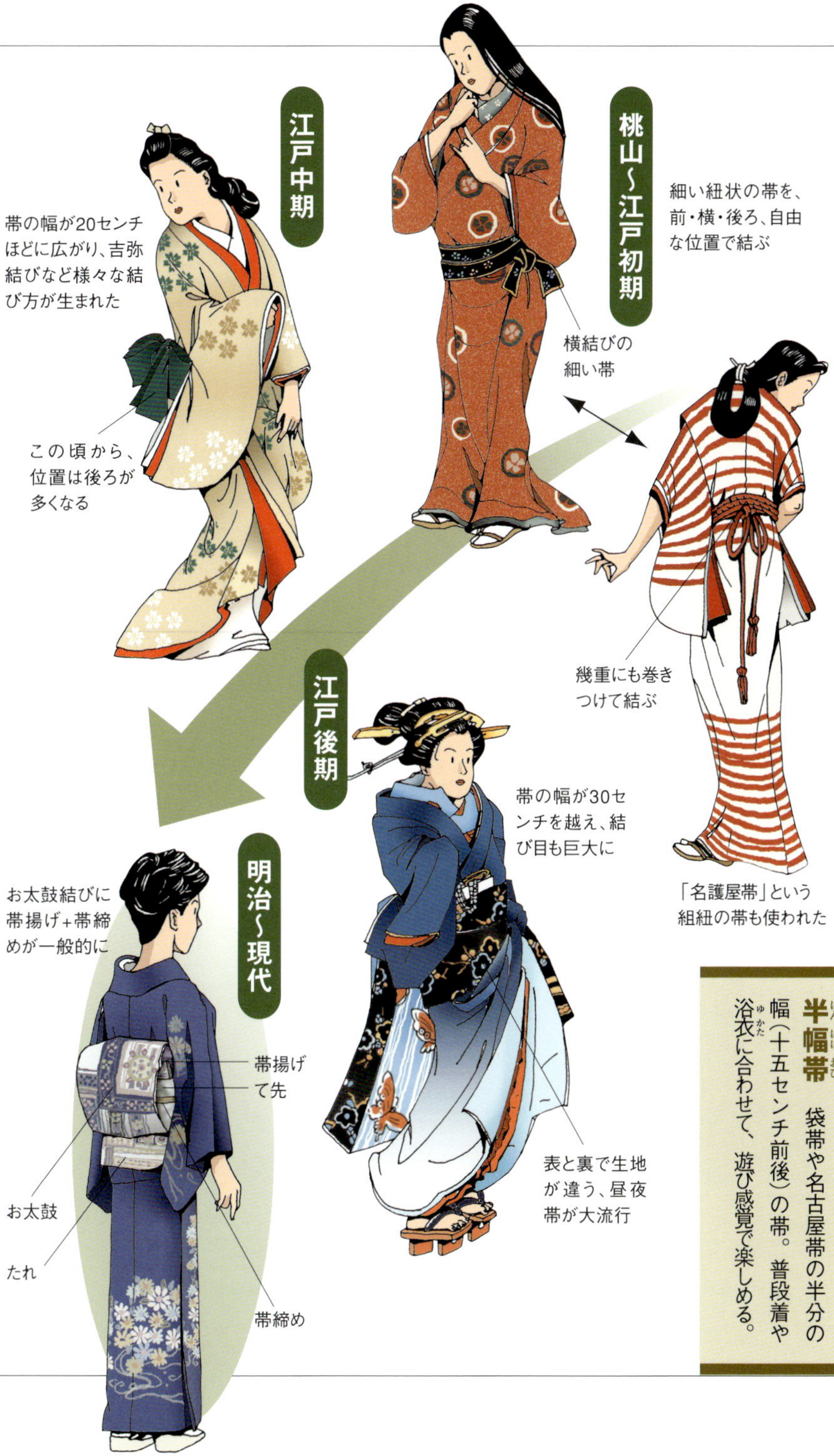
桃山～江戸初期
細い紐状の帯を、前・横・後ろ、自由な位置で結ぶ
横結びの細い帯
幾重にも巻きつけて結ぶ
「名護屋帯」という組紐の帯も使われた
江戸中期
帯の幅が20センチほどに広がり、吉弥結びなど様々な結び方が生まれた
この頃から、位置は後ろが多くなる
江戸後期
帯の幅が30センチを越え、結び目も巨大に
表と裏で生地が違う、昼夜帯が大流行
明治～現代
お太鼓結びに帯揚げ+帯締めが一般的に
帯揚げ
て先
お太鼓
たれ
帯締め

半《はん》幅《はば》帯《おび》　袋帯や名古屋帯の半分の幅（十五センチ前後）の帯。普段着や浴衣《ゆかた》に合わせて、遊び感覚で楽しめる。

どんな美？

柔らかに繊細《せんさい》に、染めの帯で表現する四季

日本人と四季の意匠

きものだけでなく帯・半襟・帯揚げ・はきものなど、全体のコーディネイトで季節にふさわしい装《よそお》いをすることができるのも和装の素晴らしさで、組合せを考える時の心のはずみはまた格別のものがある。四季の意匠を選ぶということは、日本人がどれだけ季節の移り変わりを愛してきたか、細やかに表現してきたかの歴史を知ることでもある。

染め帯でなごむ

帯の場合は、織りでも季節を表現したものは多いが、染めの帯の柔和で遊び心のある情緒や、生地によって雰囲気が変わる味わいは捨てがたい。

新しい生命が萌《も》えいずる春

春草模様型染《かたぞめ》帯（図版協力:鈴乃屋）

平成 絹 紬+型染

紬地に素朴な型染で春の野を表した、温かみのある民芸調の帯。

常緑の笹が際《きわ》立《だ》つ冬景色

雪持ち笹縮緬帯（図版協力:鈴乃屋）

平成 絹 染め

縮緬の柔らかな重量感は、雪が静かに降り積もる風情を表すのにふさわしい。

群れ飛ぶトンボに夏を惜しむ

蜻蛉《とんぼ》模様帯（図版協力：鈴乃屋）

平成　絹　染め

絽《ろ》の生地に舞う、幻想的なトンボ。涼しさをさそう秋の模様は、夏の意匠の定番。

菊咲き匂う、金色《こんじき》の秋

菊模様塩瀬《しおぜ》帯

昭和　絹　染め

上品な塩瀬の地に、白と金で菊を表現。て先を角出《つのだ》し風に遊ばせたユニークなお太鼓で。

華麗な美

どんな美？

主役なはずのきものをしのぐほどの存在感

きものとのバランス

ひと口に華麗な帯といっても、金銀糸をふんだんに使った織りなら格調高く、色とりどりの染めならにぎやかな印象。時には、きものよりも目立つ場合もある。

どんな経緯が？

江戸時代を通じて、はじめは紐《ひも》に等しかった帯の幅はしだいに広がり、元禄《げんろく》ごろには小袖に負けない装飾性をもつに至《いた》った。江戸時代中期ごろから幕末にかけて、さらに幅広となったが、人々の一般的な好みにより色・柄ともに暗く地味に。「華麗」といえる帯が復活したのは、明治～大正ごろのことだった。

あでやかに優しい友禅染

染分縮緬地《そめわけちりめんじ》　桐鳳凰花丸文様《きりほうおうはなまるもんよう》　友禅染帯《ゆうぜんぞめおび》
（奈良県立美術館）

江戸　絹　染め

縫絞りで染め分けられた紅・紫・白の各色が、グラデーションの効果を出している。白地には桐に鳳凰という取り合わせ。これは古代から高貴の象徴であり、歌舞伎の衣裳にも見られるような吉兆のデザインであった。

重々しく豪華な総刺繍

唐花鳳凰模様丸帯《からはなほうおう》（文化学園服飾博物館）

明治　絹　刺繍

現代の帯では、刺繍は部分的なワンポイントとする場合が多いが、明治時代には、一面に刺繍で吉祥文様《きっしょうもんよう》をほどこしたぜいたくな帯も作られた。

帯

◆用語解説【吉祥文様《きっしょうもんよう》】— 鳳凰・鶴亀・松竹梅など、吉祥＝めでたい前兆への願いをこめた文様。

茶人大名が愛した◆名《めい》物《ぶつ》裂《ぎれ》写し

遠州七宝錦《えんしゅうしっぽうにしき》袋帯（図版協力:龍村美術織物）

昭和　絹　織り

桃山～江戸初期に活躍した武将で、茶道「遠州流」の祖でもある小堀《こぼり》遠州《えんしゅう》が最も愛した名物裂、遠州緞子“石畳《いしだたみ》文に菊と牡丹と七宝”を、カラフルな帯としたもの。

立体感のある多彩な唐《から》織《おり》

霰鱗桐鳳凰《あられうろこきりほうおう》文袋帯《もんふくろおび》
（図版協力:龍村美術織物）

昭和　絹　織り

刺繍のように糸が浮いて見える唐織で、有職文様を表している礼装用の帯。桐に鳳凰は、中国から伝来した格調高い吉祥文様。

高貴で整然とした有《ゆう》職《そく》文《もん》様《よう》

有《ゆう》職《そく》華《か》文《もん》袋帯（図版協力:龍村美術織物）

昭和　絹　織り

有職文様とは、公家《くげ》の衣裳や調度に使われた優雅な連続文様のこと。小葵文、菱文など日本の文様の基調をなす。

◆用語解説【名《めい》物《ぶつ》裂《ぎれ》】— 宋・元・明や南方からもたらされ、茶道具などに使われた、金襴や緞子などの裂。

格調の美

どんな美?

礼装にふさわしい上品さと重々しさ

帯

重厚感あふれる渋い織り

茶《ちゃ》緞《どん》子《す》地《じ》吉祥文《きっしょうもん》様《よう》帯《おび》
（京都府蔵・京都府京都文化博物館管理）

江戸　絹　織り

松竹梅に鶴亀甲を組み合わせた吉祥文様だが、全体の色調は重々しい。江戸後期～明治にかけては、このような暗色系の織りの帯がよく締められた。

シルクロードを経《へ》て伝わった正《しょう》倉《そう》院《いん》文《もん》様《よう》

天平《てんぴょう》鏡《きょう》華《が》錦《にしき》袋帯
（図版協力:龍村美術織物）

昭和　絹　織り

正倉院文様とは、奈良の正倉院に伝わる染織など工芸品の文様。この帯は、平脱《へいだつ》(漆面に金銀の模様を貼る装飾法)の花鳥文がもとになっている。

幽《ゆう》玄《げん》の美を表す能《のう》装《しょう》束《ぞく》文《もん》様《よう》

山《さん》道《どう》豊寿《ほうじゅ》錦《にしき》袋帯
（図版協力:龍村美術織物）

昭和　絹　織り

桃山時代に生まれた豪華な小袖意匠の流れをくむ能装束は、江戸時代を通じて洗練されたが、現代ではその模様はきものよりもむしろ帯に反映されている。

絵画の美

どんな美?

ささやかな空間にくり広げられる芸術作品

のどかな田園風景を写す水墨画《すいぼくが》

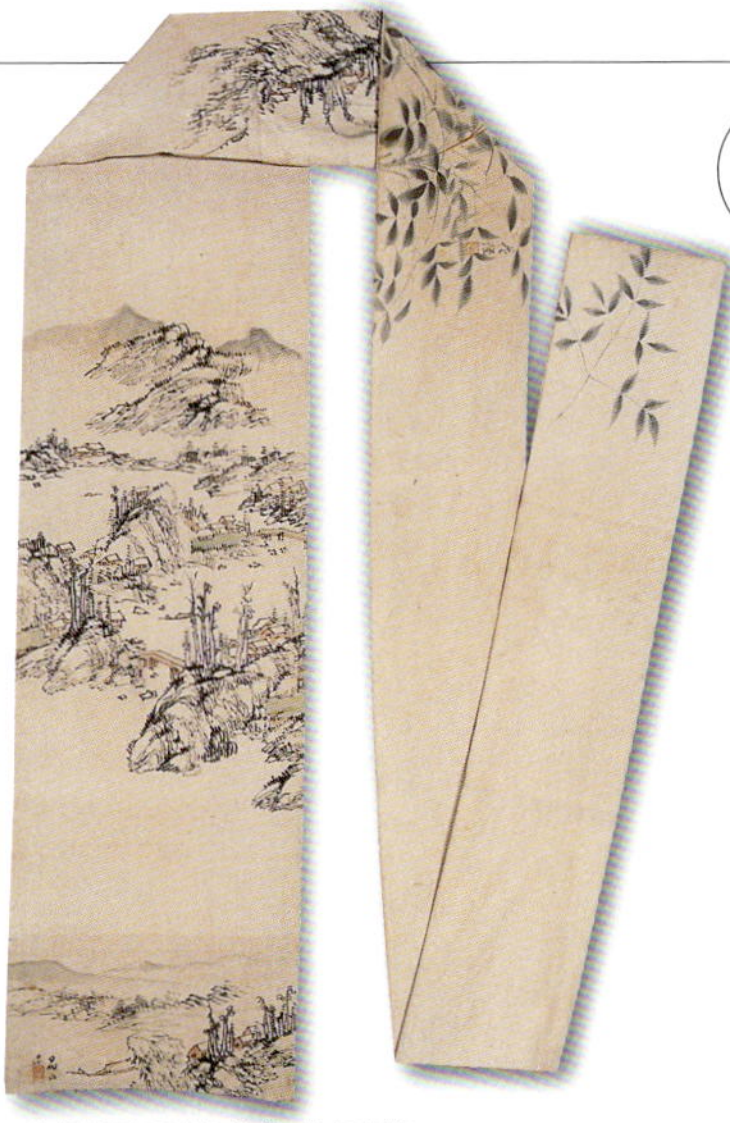

水墨画手描き名古屋帯
（文化学園服飾博物館）

昭和　絹　手描き

白い地の両面に手描きで絵画が描かれた、まさに一点物の帯。もう片面には、やはり墨一色で南天が描かれている。

手描きの油絵でエキゾチックに

蘭模様油絵帯
（文化学園服飾博物館）

昭和　絹　手描き

明治以降のきものの模様の洋風化は、帯にも影響を与えた。油絵の具で洋風のモチーフを描いた帯も多いが、この帯の場合は、日本画的な筆致の蘭を油絵の具で描いているところが面白い。

絵画的な細密模様を可能にした綴織《つづれおり》

喜《き》鳥《ちょう》文《もん》綴《つづれ》名古屋帯（図版協力:龍村美術織物）

昭和　絹　織り

綴織は、経糸の下に置いた織絵に合わせて色緯糸を1本ずつ織り返していく織りもので、絵画のような自由な表現ができる。この帯も、江戸中期の画家・工芸家の尾形光琳（21ページ参照）の伸びやかな筆致を見事に再現している。

異国の美

どんな美?

エキゾチックさがきものと不思議に調和する

帯

熱帯情緒あふれる濃い色彩

絣と◆更紗《さらさ》の帯
(図版協力:むら田)

木綿　織り／染め

左の藍はインドネシア・ティモール産のイカットを、右の赤はインド産の更紗をそのまま裁って帯にしている。どちらも、年代ものの古布。

西洋画のモチーフを散りばめる

パレットと絵具の昼夜《ちゅうや》帯《おび》(池田重子コレクション)

大正　ウール　染め

明治の後期以降、きものと同様に帯にも欧米の影響を受けた模様が現れた。油絵のパレット・絵具チューブ・額縁《がくぶち》などを取り合わせた面白い柄。

砂漠に眠る異国の文字

胡《こ》王《おう》錦《きん》袋帯
(図版協力:龍村美術織物)

昭和　絹　織り

シルクロードの要衝《ようしょう》として紀元前から栄えた都市・トルファンの遺跡で発掘された染織品の文字をモチーフにしている。

◆用語解説【更紗《さらさ》】— パターン化された植物などの模様を型染などで染めた木綿の布。

清涼な美

どんな美?

透《す》ける素材で身も心も軽やかに

帯

風音が聞こえてきそうな夏帯

祥燕文絽《しょうえんもんろ》名古屋帯
(図版協力:龍村美術織物)

平成 | 絹 | 織り

絽は、きものや帯だけでなく半襟や帯揚げにも使われる、夏の代表的な素材。織りの模様で夏の情緒を表した、品のよい名古屋帯。

ピンクと銀の甘いハーモニー

紗地薔薇模様帯《しゃじばらもようおび》

昭和 | 絹 | 織り

絽と同じく透ける素材である紗も、夏生地の定番。織りこまれた銀の糸がロマンチック。

芭蕉布帯《ばしょうふおび》(図版協力:青山みとも)

平成 | 芭蕉 | 織り

芭蕉布の糸は、糸芭蕉の繊維《せんい》を手で裂き、つないでいくという気の遠くなるような作業によって生まれる。張りのある軽い風合いは、まさに熱帯の衣《ころも》にふさわしい。

熱気をやわらげる通気性と肌ざわり

粋な美

どんな美？

締めるとキリリ、香り立つ江戸の美意識

帯

裏表とも見せたい昼《ちゅう》夜《や》帯《おび》

菊模様昼夜帯
（文化学園服飾博物館）

大正 | 絹 | 手描き+絞り+刺繍

片側ずつ異なった生地を縫い合わせた昼夜帯は、江戸時代中期から大正まで流行して川柳《せんりゅう》や浮世絵などにもよく出てくる。鯨《くじら》帯《おび》・腹合わせ帯ともいう。

しなやかな繻《しゅ》子《す》の肌ざわり

黒《くろ》繻《じゅ》子《す》地《じ》梅《ばい》窠《か》霰文《あられもん》様《よう》繍帯《ぬいおび》
（奈良県立美術館）

江戸 | 絹 | 刺繍

黒繻子の帯の柔らかさと光沢は江戸の女性にたいへん愛され、浮世絵にもひんぱんに登場する。結びやすいがまたほどけやすかったため、帯締めが誕生したとされる。

凛《りん》とした風《ふ》情《ぜい》に身が引き締まる博《は》多《かた》帯《おび》

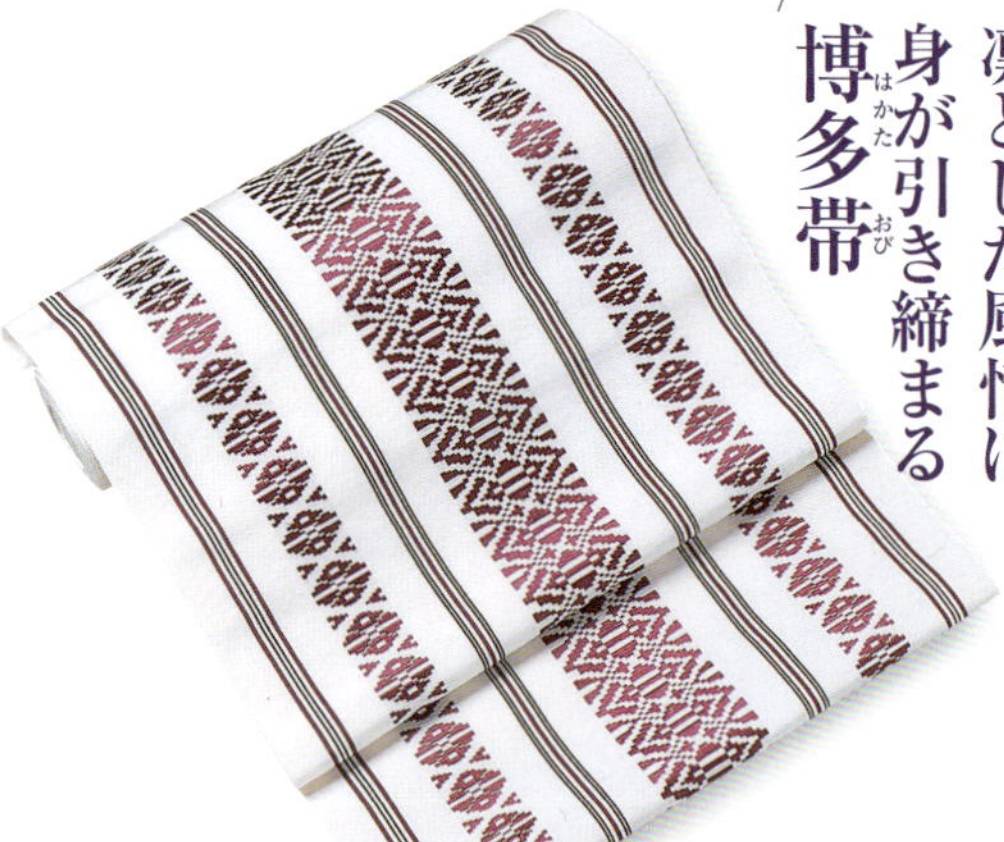

白地博多帯
（図版協力：鈴乃屋）

平成 | 絹 | 織り

博多帯は、江戸時代に繻子《しゅす》と並んで好まれた。シンプルな配色とパターン化された文様が伝統の博多帯は、厚くしっかりした生地なので締めるとき・ほどくときに独特の絹鳴りがする。

素朴な美

どんな美？
心を落ち着かせる飾り気のない民芸調

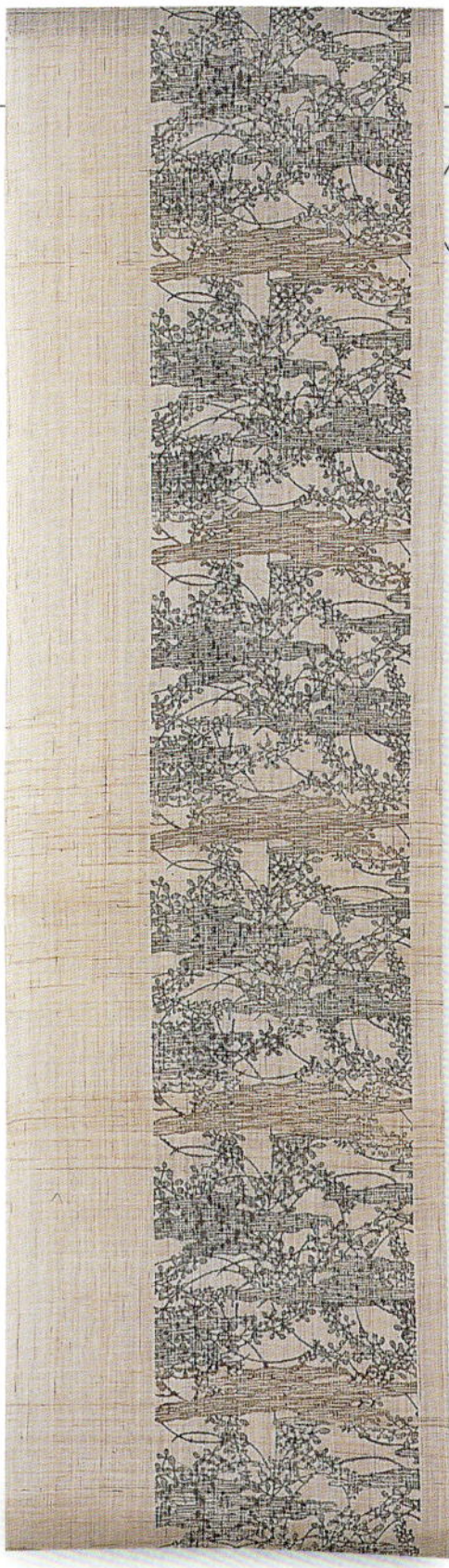

気取らない風合いが普段着に合う

麻地型染帯《かたぞめおび》（図版協力：鈴乃屋）

平成　麻　型染

生成《きな》りの生地に染められた、草花模様のかすれ具合がのどかな雰囲気。麻は、さらりとした肌ざわりが快《こころよ》い夏の素材。

和紙の温《ぬく》もりが伝わってくる

紙布《しふ》の帯（紙の博物館）

上質の和紙を撚《よ》った糸を経糸《たていと》か緯糸《よこいと》にして、紬糸《つむぎいと》などを混ぜて織ったものを紙布という。軽くて丈夫なカジュアル用の帯。

万暦《まんれき》八《はち》稜《りょう》蜀紅錦《しょっこうきん》仕立《したて》帯《おび》
（図版協力：龍村美術織物）

コラム

帯は変わりゆくもの

今、当たり前のように締められているお太鼓《たいこ》結びは、江戸時代の後半になってから現れたもので、名古屋帯も、大正時代の新発明です。

現代も、結び方は名古屋帯と同じですが比翼仕立により二重太鼓のように見える帯（左上図）など、色々な帯のアイデアが生まれてきています。このような帯はカジュアル向きとされていますが、桃山時代には帯は紐状だったことなども考え合わせると、いずれは「半幅帯でもフォーマル」という時代がやって来るかもしれません。

帯

特集

歌舞伎衣裳

流行の発信は舞台から 歌舞伎は時代のファッションリーダー

特色

歌舞伎の魅力の一つに、その衣裳の美しさをあげることができます。とくに時代物と呼ばれる演目に、豪華できらびやかな衣裳が多く見られます。羅紗《らしゃ》やビロード、木綿などの地に◆切付《きりつ》けを施《ほどこ》したり、金糸銀糸《きんしぎんし》を使って刺繍をしたもの、刺繍に彩《いろど》られた真っ赤な打掛《うちかけ》などは、その代表的なものです。また超人的な人物が登場する荒事《あらごと》の衣裳は、綿などを入れて誇張した衣裳や奇抜《きばつ》な模様など、見る者の意表《いひょう》をつきます。

成り立ち

歌舞伎の始まりは江戸幕府の開設《かいせつ》とほぼ一致しています。しかし幕府は早くから歌舞伎に対して、華美にならないようにと規制を繰り返してきました。錦《にしき》などの高級な生地や、金糸繍《ぬい》などを用いた豪華な衣裳を作ることを禁止したのです。そのため役者たちは高級な布地の代用として、木綿に切付けや芯を入れた刺繍を施すことによ

芝翫縞《しかんじま》
三代目歌川豊国《うたがわとよくに》（国貞《くにさだ》）菅原伝《すがわらでん》
授手習鑑《じゅてならいかがみ》中村芝翫（二代目）松王丸《まつおうまる》
（たばこと塩の博物館）

芝翫をもじって四筋の鈧つなぎ（四《し》鈧《かん》）模様を配したもの。

石川豊信《いしかわとよのぶ》 瀬川菊之丞《せがわきくのじょう》（二代目）路考《ろこう》
（たばこと塩の博物館）

路考茶は、やや黒っぽい鶯《うぐいす》茶で、春信の浮世絵に使う茶はこの色とされていたほど人気の色。

◆用語解説【切付け】— 布地の上に、好みの形に切った別布をのせて縫ったもの。アップリケ。

り、遠目に非常に立派に見える衣裳を工夫しました。

このように幕府が繰り返し規制を出した背景には、歌舞伎衣裳が人々の生活に大きな影響を与えていたということがあります。当時の歌舞伎役者は、その時代のファッションリーダー的存在だったのです。

種類

歌舞伎役者から生まれた流行色には、団十郎茶、路考《ろこう》茶、江戸紫《えどむらさき》などがあります。路考茶は二代目瀬川菊之丞《せがわきくのじょう》（俳名路考）が舞台で着た衣裳の茶染《ちゃぞめ》がきれいなことから大流行した色です。

歌舞伎から流行した模様もあります。芝翫縞《しかんじま》は三代目中村歌右衛門（俳名芝翫）が考え出し、鎌輪《かまわ》ぬ模様は七代目団十郎の舞台衣裳から流行しました。そしてこの「鎌輪ぬ」に対抗して三代目尾上菊五郎が創案したのが「斧《よき》琴菊《こときく》」で、「好いことを聞く」の縁起《えんぎ》をかついでいます。

江戸歌舞伎の看板役者市川団十郎の家紋に因《ちな》んだ三枡《みます》紋様は、老若男女を問わず好まれ、小袖《こそで》、半纏《はんてん》、衿、帯、袋ものなど多岐にわたって用いられました。

これらの色や模様は、現在でもきものや手ぬぐいなどに染められていて、我々にも馴染《なじ》みの深いものとなっています。

鎌輪《かまわ》ぬ
（図版協力:竺仙）

この紋様の発生は古く、寛永年間とされる。半纏などの模様に使われていた。

斧琴菊《よきこときく》
（図版協力:竺仙）

「好いことを聞く」のもじりだが、菊五郎の菊を加えて存在をアピールしている。

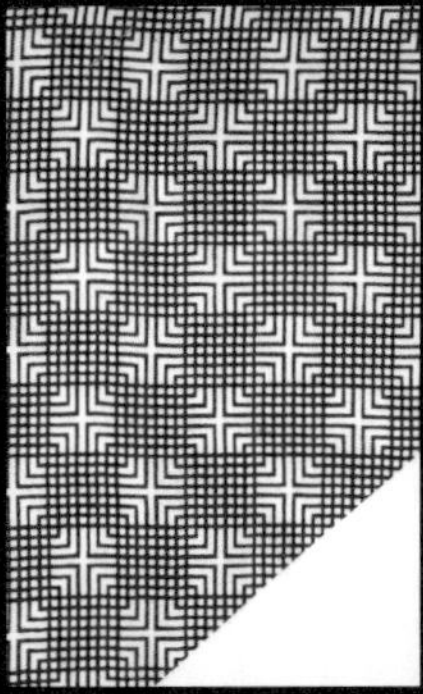

六弥太格子《ろくやたごうし》
（図版協力:竺仙）

三枡つなぎの格子縞。八代目団十郎が着て流行らせた。

三枡《みます》紋様
（図版協力:竺仙）

市川家の家紋三枡は、大中小の枡を三つ入れ子にして上から見た形。

髪飾りの歴史

髪型の移り変わりと共に

1 垂髪《ロング》から結髪《アップ》になった転機

日本の女性は平安時代以来、ほとんど髪を長く垂《た》らしていましたが、桃山時代になってから頭の上に結うようになりました。これは、遊女や女歌舞伎の芸人が、男髷《おとこまげ》などを真似《まね》て髪を結い上げたのが、一般にも広まったからです。江戸時代を通じて、結髪＝日本髪はしだいに複雑になり種類も増え、それに応じて髪飾りも櫛・かんざし・こうがいをはじめ、色々なものが作られるようになっていき、材料もデザインも多様化しました。

2 日本髪に代わるきものヘアスタイル

明治になると、「日本髪は不衛生で不経済」とする運動が起こり、和装にも洋装にも合う束髪《そくはつ》が考案されて流行し、それに合う洋櫛などが誕生しました。やがて大正・昭和になると、モダンガールにパーマや断髪が人気となり、戦前戦後にかけて日本髪はほとんど廃《すた》れてしまいました。

現代でも、きもの姿の時は髪をアップにしてえり足の美しさを見せる方が趣《おもむ》きがあります。伝統的なかんざしもよし、現代的なヘアアクセサリーもよし、その日の気分やＴＰＯに合わせて迷うのもまた楽しいものです。

髪飾りキーワード

櫛《くし》 はじめは髪を解《と》かすための実用品だったが、元《げん》禄《ろく》ごろから髪に挿す装身具《そうしんぐ》としての「飾り櫛（挿し櫛）」も生まれた。

かんざし もとは束《たば》ねた髪に挿して止めるヘアピンのようなものだったが、江戸時代には装身具として発達し、玉かんざし・花かんざしなど多くの種類が生まれた。上部に耳掻《か》きがついていたり、下の部分で頭髪を掻いたりという実用性もある。

こうがい 単純な棒状の形で、出来上がった髷《まげ》の中へ挿しこむと、中心が隠れて両端だけ現れる。室町時代、宮中の女官が下げ髪を巻きつけて上にあげたものがルーツだが、江戸時

丸《まる》髷《まげ》

髪をあげて束ねた髷

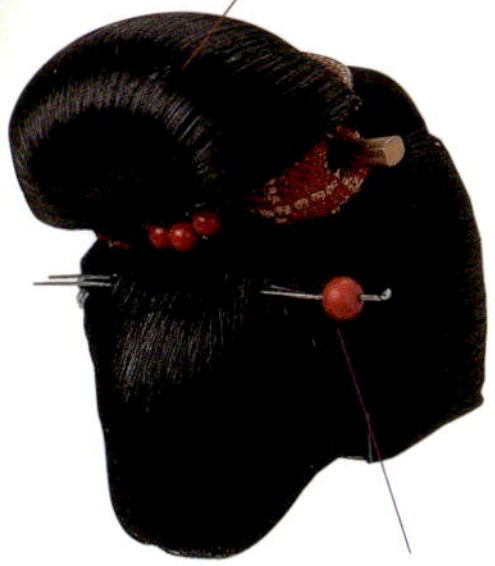

玉かんざし

兵《ひょう》庫《ご》髷《まげ》

櫛（実用）

後頭部の
下側に突
き出す髱《たぼ》

桃山〜
江戸

勝《かつ》山《やま》髷《まげ》（燈《とう》籠《ろう》鬢《びん》）

櫛
（装飾用）

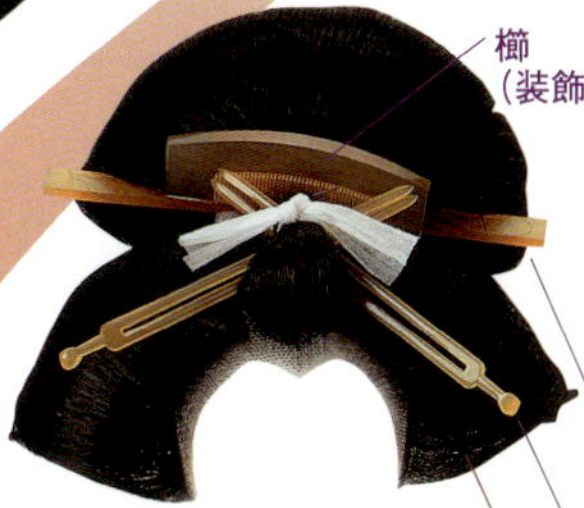

こうがい

かんざし

左右に
張り出す鬢《びん》

耳かくし

髪にウェーブ
をつける

明治

束《そく》髪《はつ》

びん付け油を使わず、
自分で結えて活動的

茶字→髪型の各部名称
紫字→髪飾りの種類

大正

昭和

上から櫛・かんざし・こうがい

亀《かめ》松《まつ》文《もん》様《よう》櫛《くし》簪《かんざし》笄《こうがい》
（京都府蔵・京都府京都文化博物館管理）

代になると実用性は失われた。

図版所蔵者：結髪雛形　兵庫髷・勝山髷(燈籠鬢)・丸髷＝国立歴史民俗博物館/写真　束髪＝ポーラ文化研究所

四季の美

どんな美？

黒髪を引き立てる季節ごとの色彩

金色の春、銀色の桜

桜蒔絵櫛《まきえ》
（東京国立博物館）

江戸 | 木製 | 金＋銀蒔絵

金銀で蒔絵をほどこした、ぜいたくな櫛。花がすみの向こうに描かれているのは、京都の清《きよ》水寺《みずでら》か。

透《す》きとおる夏のびいどろ

◆**グラヴュール阿蘭陀船文《おらんだせんもん》ガラス入り鼈甲櫛《べっこうぐし》**
（神戸市立博物館）

江戸 | べっ甲＋ガラス | グラヴュール

涼しげなびいどろ（ガラス）は、夏の素材として好まれた。帆《はん》船《せん》を表した、いかにも異国的なデザイン。

紅《くれない》におう秋草の野

萩模様象牙櫛《ぞうげ》
（東京国立博物館）

江戸〜明治 | 象牙 | 彩色

一面に萩を細かく彫り、赤い彩色をほどこした珍しい櫛。若い娘の初々しい髪を飾ったものだろうか。

冬の夜空に雪片が舞う

雪模様蒔絵櫛
（東京国立博物館）

江戸 | 木製 | 金蒔絵

顕微鏡《けんびきょう》でなければ見えない小さな雪の結晶が、江戸時代から発見されていたことがわかる面白い意匠。

◆用語解説【グラヴュール】— 回転する金属の円盤で、ガラスの表面を彫る技法。

粋な美

どんな美?

錦絵《にしきえ》美人も愛用の江戸っ子スタンダード

とろりとした飴《あめ》色《いろ》の光沢

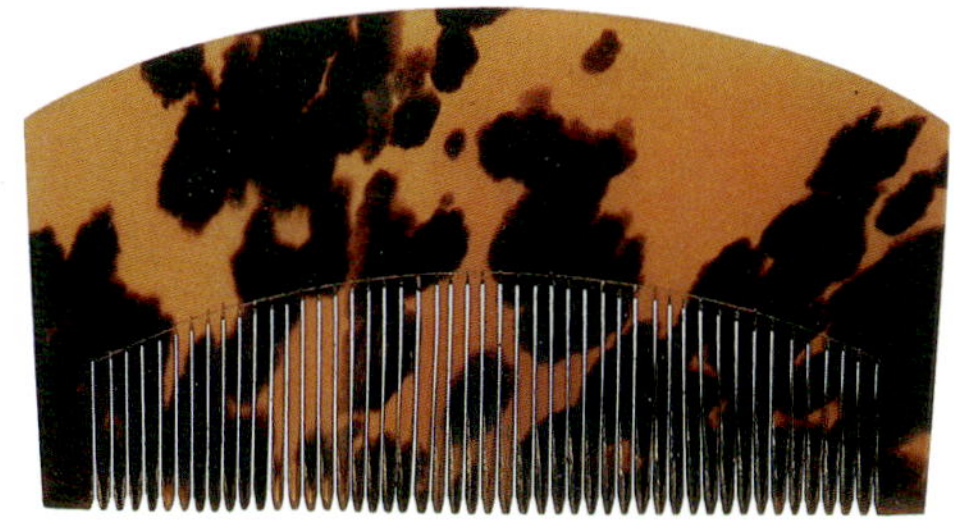

鼈甲《べっこう》の櫛・簪《かんざし》
(国立歴史民俗博物館) 江戸 べっ甲

浮世絵などでもよく見られる、定番の形と素材。斑が少ない方が高級品とされるが、黒と黄のコンビがかもし出す情緒もまた捨てがたい。

おしゃれの極意《ごくい》はさりげない彩り

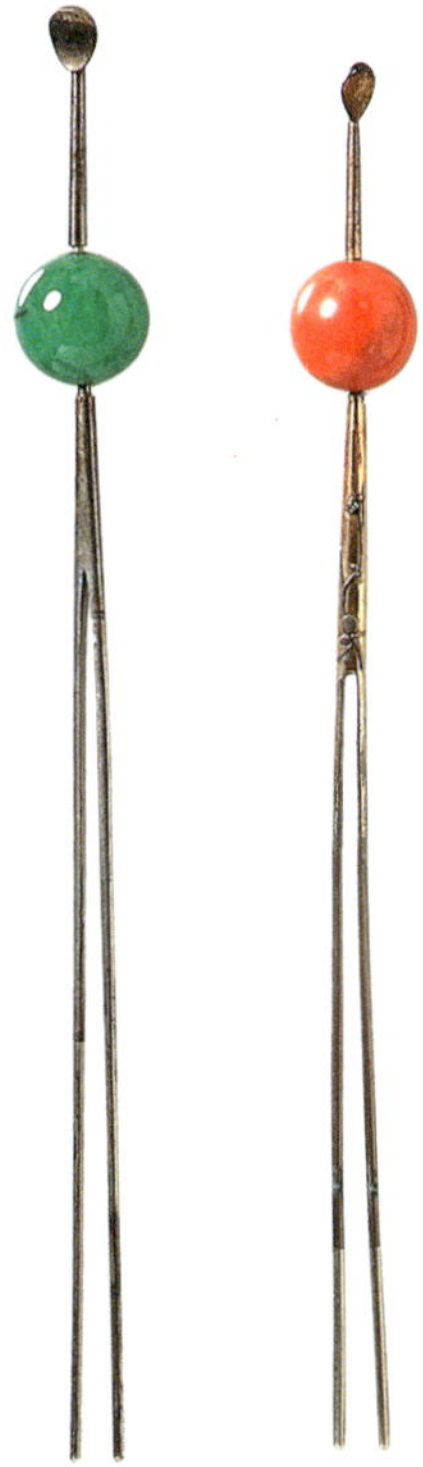

緑ガラスかんざし(左)・珊瑚《さんご》玉かんざし(右)
(国立歴史民俗博物館) 江戸 珊瑚+銀・ガラス+銀

明るい緋色や、エレガントな緑色が加わると、髪に洗練された華やぎが加わる。玉かんざしは、髪飾りの中でも最もポピュラーで、明治・大正になっても多くの女性に愛された。

漆黒の髪に渋い輝きを放つ銀細《ぎんざい》工《く》

平打《ひらうち》かんざし
(国立歴史民俗博物館)
江戸 銀

彫銀で千鳥《ちどり》を透《す》かし彫《ほ》りにしている、シンプルだがどこか愛らしい意匠。

華麗な美

どんな美?

ロマンチックな叙情性《じょじょうせい》は乙女のあこがれ

髪飾り

鎖《くさり》飾りと一緒にゆれる娘心

珊瑚《さんご》花飾《はなかざり》ビラ付簪《かんざし》
(国立歴史民俗博物館)

江戸後期~明治初期　金+銀+珊瑚

江戸時代後期に大流行したびらびらかんざしは、顔のわきでゆれる銀鎖の風情が愛らしく、若い娘や少女に好まれた。

少女の髪に絹のやさしい風合い

つまみかんざし
(図版協力:撫松庵)

平成　絹

薄い羽二重《はぶたえ》などを三角形につまんで、花などを作るつまみ細工は、江戸時代の中ごろに生まれた。色とりどりの華やかな花かんざしは、七五三の風物詩でもある。

ハイカラな束髪《そくはつ》に、モダンな洋髪に

洋髪用花簪《はなかんざし》
(田村コレクション/
図版協力:紫紅社)

昭和　?

アール・ヌーヴォーを思わせる曲線の形と模様が美しい。このような洋風の髪飾りは、明治以降に新しく流行した束髪・洋髪に合うよう作られたもの。

遊びの美

どんな美?

面白いもの・楽しいものが大好きな個性派向き

髪飾り

江戸彫金の至芸がみごと

変わり簪《かんざし》(鼠蕪《ねずみかぶら》)
(東京国立博物館)

江戸後期~明治初期 | 真鍮

蕪をねらう鼠の意匠がユーモラス。ほかに磁石や鳥かごなど、「美しい」というより「奇抜《きばつ》」なモチーフを題材にした変わりかんざしは、彫金技術が極《きわ》みに達した幕末ごろに現れた。

夏衣美人の髪に涼風

団扇《うちわ》形簪《がたかんざし》
(東京国立博物館)

江戸 | ?

団扇は、年齢層を問わず好まれた洒脱な夏の意匠。

カラフル&ポップな現代のトンボ玉

キャンディかんざし
(図版協力:伊勢由)

平成 | ガラス+木

大ぶりのガラスビーズ=トンボ玉を使ったかんざしは、きものにもジーンズにも。

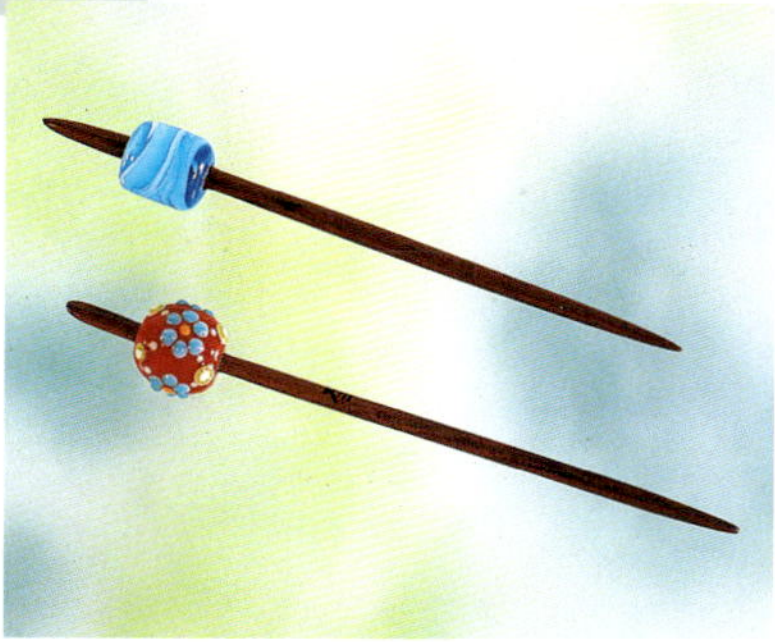

和洋にこだわらない自由な発想

現代のきもの用ヘアアクセサリー
(図版協力:撫松庵)

平成 | プラスチック(下)/モスリン(左)

伝統的な和の素材をあえて使わない、アイデア豊かな現代の髪飾りは、きものだけでなく洋服にも合う。

素材の美

どんな美？

見ているだけで心がおどる お江戸工芸大博覧会

なぜ生まれた？

江戸時代に考え出された日本髪の結い方は、実に数百種におよぶという。髪飾りも、櫛・かんざし・こうがいにとどまらず数多くの種類が、あらゆる素材と技法を使って作られた。その共通点は、すべて黒髪とのコントラストが細やかに計算されて作られていることで、江戸の女性のおしゃれ心と、職人の技がひとつにとけ合った結晶ともいえる。

髪で身元証明

なお、江戸時代から明治にかけて、日本髪はその女性の身分・職業・年歳などを表しており、髪飾りにも当然〝分相応《ぶんそうおう》〟という意識があった。

きらめく華奢《きゃしゃ》な金の花

生き生きと立体的な細工

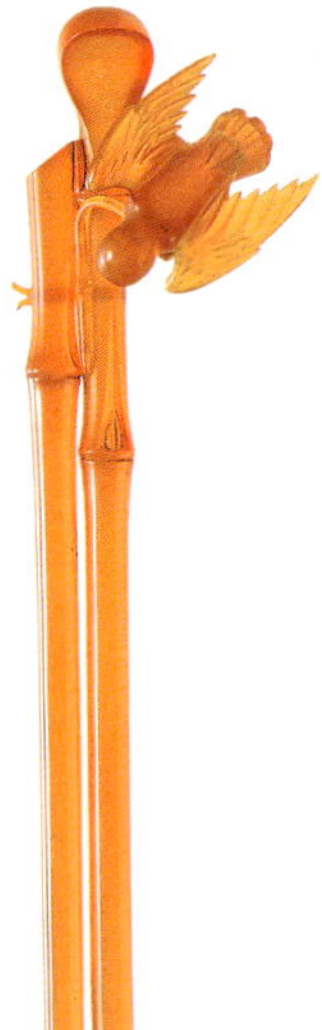

金菊花簪《きんきくはなかんざし》（右図）
（国立歴史民俗博物館）

明治　金

かんざしというと銀製のイメージがあるが、このような金のかんざしも作られていた。

鼈甲竹雀花簪《べっこうたけすずめはなかんざし》（左図）
（国立歴史民俗博物館）

明治　べっ甲

高価なべっ甲の髪飾りは、はじめ身分の高い武家女性のものだったが、しだいに遊女や一般にも広まった。

現代女性にも人気の縮緬

縮緬ヘアアクセサリー
（図版協力：撫松庵）

平成　絹

手ざわりがよく和の表情豊かな縮緬は、現在の小物で最も人気のある素材で、髪飾りのほかにバッグや根付《ねつけ》など、あらゆるものが作られている。

べっ甲に蒔《まき》絵《え》という二重のぜいたく

鼈甲《べっこう》城郭《じょうかく》山水《さんすい》蒔櫛《まきくし》
（国立歴史民俗博物館）

江戸　べっ甲　蒔絵

一般庶民のあこがれだったべっ甲に金蒔絵という、ため息がでるほどぜいたくな櫛。描かれているのは、近《おう》江《み》八《はっ》景《けい》の浮御《うきみ》堂《どう》か。

七色にきらめく高貴な螺《ら》鈿《でん》

黒漆《くろうるし》雪の下文象嵌《ぞうがん》螺鈿櫛
（国立歴史民俗博物館）

明治　螺鈿

みがいた貝をはめ込んで玉虫色に光る螺鈿は、金銀の蒔絵とはまた違った豪華さを演出する。雪の下は、丸い葉の形が愛らしい常緑草。

浮世絵と見まがう大胆な構図

骨橋《ほねきょう》脚《きゃく》屋《や》形《かた》船《ぶね》蒔絵櫛
（国立歴史民俗博物館）

江戸　象牙　蒔絵

象牙が貴重品なのは、昔も今も同じ。広重の風景画を見るような、橋脚の思いきったクローズアップ。

みがき込んだ木地の艶《つや》

黄楊《つげ》桜文《さくらもん》木《もく》画《が》櫛
（国立歴史民俗博物館）

江戸　黄楊

黄楊の櫛は、階級を問わず江戸の女性に好んで使われたが、金属で装飾したものは珍しい。

特集

雛《ひな》形《がた》本《ぼん》

江戸のモードを伝える最先端のファッション誌

特色

現在、私たちがファッション雑誌を自分の服装の参考にするように、江戸時代の女性たちにもファッションのお手本となるべきメディアがありました。役者・遊女の衣裳や、それを写した浮世絵も最先端モードを伝えましたが、それより実用的に、注文しに行った呉服屋・染め物屋で眺《なが》めながら参考にできたもの――それが、雛形本です。

雛形本は流行の模様見本が刷ってある小型の版本《はんぽん》で、余白には生地や色などが書き込んでありました。

用途

江戸時代の女性たちは、この雛形

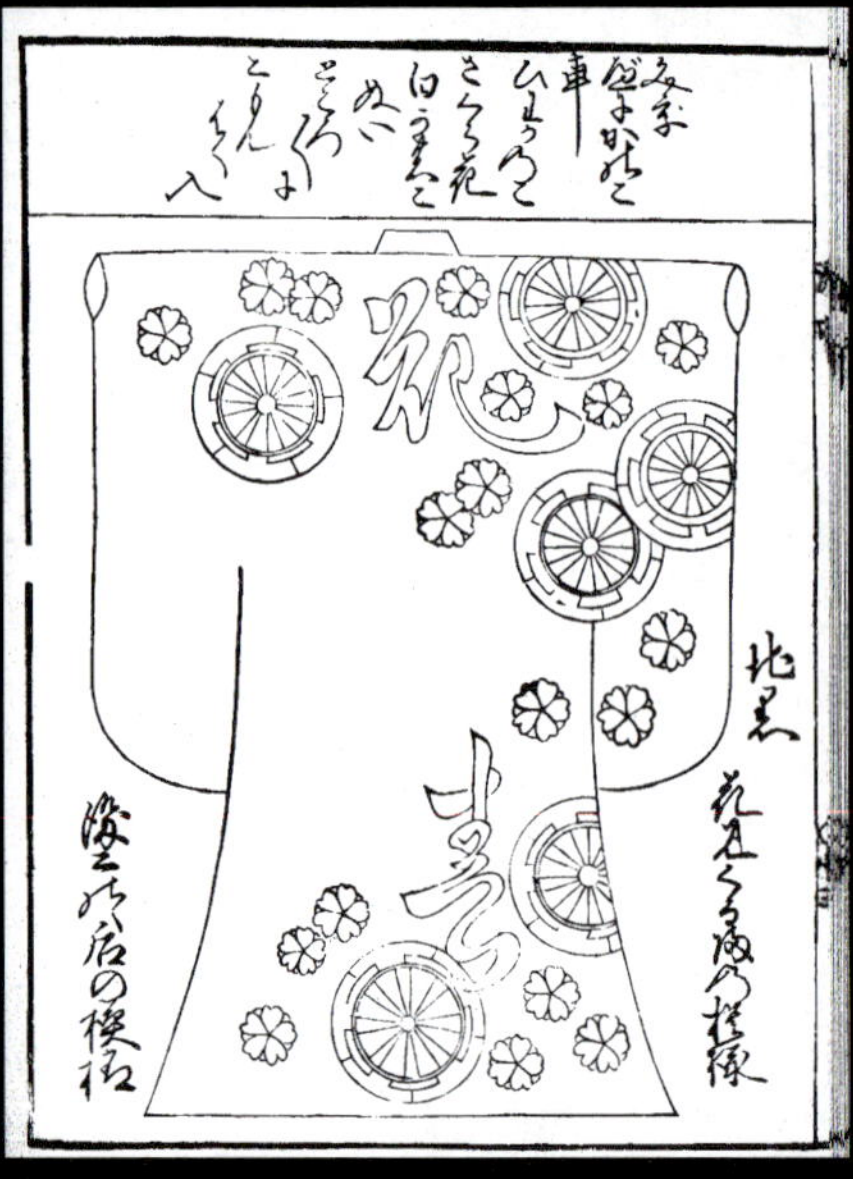

源氏ひなかた
（国立国会図書館）

源氏物語の登場人物にちなんだ模様を集めたもので、貞享4年(1687)に刊行された。模様そのものに目新しさや面白味は無いが、上品にまとまっている。

御ひいなかた
（国立国会図書館）

寛文6〜7年(1666〜7)に刊行された、現存する中で最も古い雛形本。墨一色で印刷されているという事は、配色ではなく構図に重点が置かれていたことを示している。

本を見て呉服屋へ行き、あるいは店員を呼び、模様や色に変更を加えるなど細かい注文をつけて、自分の好みに合わせた小袖をあつらえたのです。もちろん、小袖を新調する時だけでなく、モードを知るための情報源としても愛読されました。

種類

例えば光琳《こうりん》模様《もよう》が流行れば（21ページ参照）『当世光林雛形わかみとり』、源氏模様が流行れば『源氏ひながた』など、寛文《かんぶん》六年（一六六六）に初めての雛形本が刊行されて以来、江戸末期までに百八十種以上も出版されたベストセラーで、明治まで作られ続けました。

また、髪型や髪飾りなど、小袖以外の雛形も数多く作られました。

小袖染雛形《こそでそめひながた》
（文化学園服飾博物館）

明治になると、それまで白黒だった雛形もカラーになってくる。地味な色合いとおさえ目の裾模様《すそもよう》は、幕末から明治にかけて流行った典型的なスタイル。

今様櫛拴雛形《いまようせっきんひながた》
（たばこと塩の博物館）

葛飾北斎《かつしかほくさい》によって描かれた、櫛の雛形。源氏物語をテーマにしたデザインで、上から浮舟《うきふね》・朝顔・紅梅《こうばい》となっている。

半襟の歴史

汚れ防止と、おしゃれの一石二鳥

顔からいちばん近い位置にある襟元《えりもと》を美しく見せることは、平安の昔から装《よそお》いの重要なポイントでした。髪油《かみあぶら》や白粉《おしろい》から汚れを防ぐため半襟が生まれたのは、江戸時代後半ですが、その頃は「掛《か》け襟」とも呼ばれており、端切《はぎれ》れの流用から刺繍のある豪華なものまで様々でした。明治になると友禅染や絞《しぼ》りの半襟も現れ、地味なきものに華やかな半襟を幅広く見せるのが流行し、大正から昭和の初めにかけて、ますます派手なものが人気となりました。

戦後になると、白い半襟が一般的で無難なものとされましたが、最近は個性的なおしゃれとして、色柄ものや刺繍のものもまた増えてきています。

ポスター アリマサイダー（印刷博物館）

明治末～大正はじめにかけての美人画ポスター。撫子《なでしこ》の刺繍と思われる半襟を、今よりはるかに幅広く見せて、黒地に絞り模様のきものに華やぎを添えている。

半襟キーワード

掛《か》け襟　江戸時代は同じものだったが、現在はきものの肩付近に付けるのが掛け襟で、襦袢《じゅばん》に付けるのが半襟とされている。掛け襟の素材は黒繻子《くろじゅす》や黒ビロードなどが多く、今では歌舞伎の衣裳などでしか見られない風俗だが、黒が全身の印象を引きしめて、なかなか心にくいおしゃれだった事がわかる。

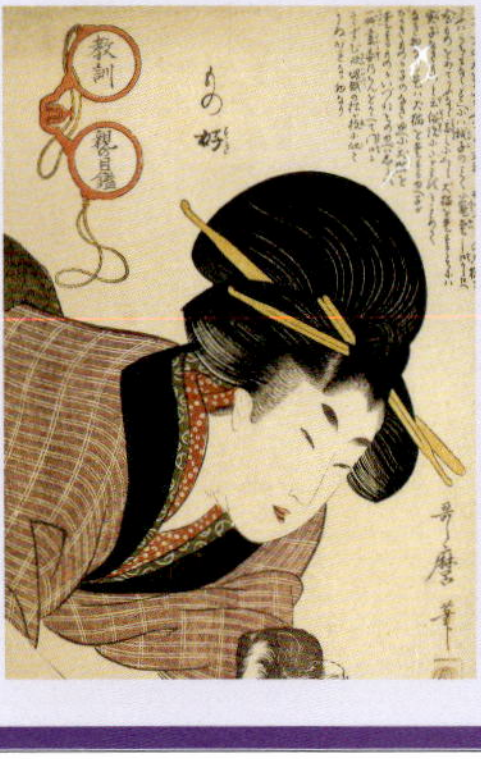

喜多川歌麿《きたがわうたまろ》
教訓《きょうくん》親《おや》の目鑑《めがね》　もの好《ずき》（慶應義塾図書館）

季節の美

どんな美?

さりげなく主張する襟元の歳時記

半襟

夏の襟元を吹き過ぎる涼風

花《はな》筏《いかだ》撫子《なでしこ》模様《もよう》半襟《はんえり》
（文化学園服飾博物館）

大正末〜昭和初 絹 刺繍

透ける絽《ろ》の生地に、花筏と流水を刺繍で表現。

◆吉祥《きっしょう》文様《もんよう》で新春を寿《ことほ》ぐ

松梅模様半襟
（文化学園服飾博物館）

昭和初 絹 刺繍

松と梅は、お正月にふさわしいおめでたい柄。

秋を豊かに彩る

菊文模様友禅染《ゆうぜんぞめ》半襟
（東京国立博物館）

大正初 絹 染め

濃い色彩で菊に流水をあしらった、ロマンチックな半襟。

◆用語解説【吉祥《きっしょう》文様《もんよう》】— 鳳凰・鶴亀・松竹梅など、吉祥＝めでたい前兆への願いをこめた文様。

色彩の美

どんな美？

TPOに合わせて装《よそお》う・彩《いろど》る・遊ぶ

清浄な白で礼を尽くす

白半襟　右から平織・縮緬・綸子《りんず》
（図版協力：加藤萬）

平成　絹　織り

結婚式など改まった席は、白い半襟がマナーだが、地紋のあるもので格調高く装うことや、白地に白糸や銀糸の刺繍で豪華に飾ることもできる。

襟元に効果的な差し色を

色半襟　右から綸子・平織・綸子
（図版協力：加藤萬）

平成　絹　織り

カジュアルな装いに合わせるなら、無地の色半襟を。きもの・帯や色々な小物と組み合わせて、一味ちがうコーディネイトを工夫してみる。

増えるのも楽しみ、選ぶのも楽しみ

端《はぎ》切れをリサイクルした模様半襟

？　絹　染め

安価な端切れを半襟に活用して、季節や気分に合わせた自分だけのこだわりを遊ぶ。合わせ方によっては野暮《やぼ》になるが、それもよい勉強になる。

刺繍の美

どんな美?

品よくあでやか、存在感のある襟元に

ひそやかな華やぎ

半襟「洛中洛外図《らくちゅうらくがいず》」
（図版協力：ゑり善）

大正～昭和初 | 絹 | 刺繍

何とも雅《みや》びで細密な、刺繍技術の至宝ともいえる作品だが、驚くべき事にこれは下前《したまえ》なので、実際に襦袢《じゅばん》に縫い付けてもほとんど表面には現れないという、着ている人にしかわからない究極のこだわり。なお、上前の模様は女駕籠《おんなかご》に見返り美人。

アール・デコを思わせるモダン美

半襟「羽《はね》かぜ」
（図版協力：ゑり善）

大正～昭和初 | 絹 | 刺繍

西洋の羽扇をヒントにしたものだろうか、すっきりと洗練された中にモダンな造形感覚を感じさせる。大正ごろから、目新しいモチーフとして西洋文化の意匠を取り入れた半襟も数多く作られた。

コラム

重ね着の古式を伝える伊達《だて》襟

現在、振袖や訪問着に付ける伊達襟は、コーディネイトに華やかさや重厚感をプラスする装飾品として考えられがちですが、実はその背景には、平安時代の十二単《じゅうにひとえ》から続く重ねの色目を重視した服飾文化があるのです。

時代を経て、重ね着の枚数はだんだん簡略化されましたが、太平洋戦争前までその風習は残っており、特に礼装は二～三枚襲《がさね》が普通でした。昭和30年代ごろ生まれた伊達襟は、現在は花嫁衣裳などごく一部をのぞいて失われた、重ね着文化の名《な》残《ご》りなのです。

半襟

特集

刺《し》繡《しゅう》

重厚《じゅうこう》で自由かつ多彩《たさい》な装飾《そうしょく》技法

歴史

多様な色彩《しきさい》で自由に、しかも容易《ようい》に重厚な模様を表すことができる刺繡は、紋織《もんおり》や模様《もよう》染めが現れる以前から、わが国では、はじめは繡仏《しゅうぶつ》や幡《ばん》など宗教関係で多く用いられてきました。

なかでも刺繡の爛熟《らんじゅく》期といわれるのが桃山時代。金銀の摺箔《はく》と刺繡を併用《へいよう》した「繡箔《ぬいはく》」が施《ほどこ》されたこの時代の小袖《こそで》は、「渡《わた》し繡《ぬい》」の柔らかな量感と、写実性《しゃじつせい》にとらわれない自由な意匠《いしょう》で、装飾芸術として高い評価を得ています。

江戸時代の初期になると、一転して幾何学文様《きかがくもんよう》の繡箔に添《そ》えられる針目《はりめ》の細かい精緻《せいち》な繡となり、全体的に沈んだ重厚感のあるものとなります。さらに友禅染《ゆうぜんぞめ》が発達してからは、刺繡は染めでは得られない赤や金などの鮮《あざ》やかな色彩を添える、アクセントとして効果的に用いられるようになり、補助的な存在へと移行します。

現代へ

服飾の装飾技法の主流を織りや友禅染に譲《ゆず》ったあとも、刺繡

草乃《くさの》しずか作　源氏物語きもの「夕霧《ゆうぎり》」
（図版協力：アトリエ草乃しずか）

御所車《ごしょぐるま》松《まつ》楓《かえで》菊《きく》萩《はぎ》模様《もよう》振袖《ふりそで》（国立歴史民俗博物館）

は姿を消すことはなく、現代まで帯やきものはもとより小物にいたるまで、ときどきの時代のなかで、様々な美を演出してきました。

なかでも明治・大正時代に一大ブームを起こしたのが刺繍半《はん》襟《えり》です。草花・風景・和歌などを題材とした模様を表した半襟は、当時の女性の心をつかみ、襟元《えりもと》を華《はな》やかに飾りました。

現代においても、振袖、訪問着などの盛装には、刺繍は重厚さと華やかさを添えるものとして、欠くことのできないもののひとつです。

日本刺繍の主な技法

【返《かえ》し繍《ぬい》】 一針縫ったあと少し元に返し、前進と後退を繰り返して縫い進む技法。

【継《つ》ぎ針繍《はりぬい》】 一針縫いで破線《はせん》に縫ったあと、同じところを引き返して実線状《じっせんじょう》に縫い継《つ》ぐ。表裏両面《ひょうりりょうめん》が同じ縫い目になる。

【鎖《くさり》 繍《ぬい》】 鎖を描《えが》いて縫い進み、線を描いたり面を埋める。中国最古《さいこ》の刺繍技法。

【相良繍《さがらぬい》】 裏から針を刺し、表に結び玉をつくって点を表す技法。

【刺《さ》し繍】 長短交互《ちょうたんこうご》の針目で面を埋める技法。ぼかしの表現に適している。

【平《ひら》 繍《ぬい》】 重ならないように平行に糸を引いて平面を埋める技法。

【渡《わた》し繍《ぬい》】 平繍の一種。裏面に糸を回さず、縫いこんだすぐ脇に引き出し、また表に長く浮かせる技法。

【留《と》め繍《ぬい》】 平繍や渡し繍の糸の浮きを押さえるために、別糸で上から縫い留める技法。

【駒《こま》 繍《ぬい》】 直接布に刺せない太い糸などを、別の細い糸で縫いつける技法。主の糸を「駒」と呼ぶ糸巻きに巻いたことからこの名が付けられた。

半襟「羽かぜ」
(図版協力:ゑり善)

半襟「洛中洛外《らくちゅうらくがい》図」
(図版協力:ゑり善)

花筏撫子《はないかだなでしこ》模様半襟
(文化学園服飾博物館)

唐花鳳凰《からはなほうおう》模様丸帯
(文化学園服飾博物館)

羽織の歴史

女性の羽織姿は明治から

羽織のルーツは、室町時代の中ごろから男性が塵《ちり》よけのために着ていた胴服だとされており、江戸時代になっても基本的には男性の衣服でした。これを女性として最初に着始めたのは、男装に男名前で意気を競《きそ》った江戸後期の深川芸者で、一般にもすぐに広まりましたが、江戸時代の間は女性の羽織は幕府によって度々禁止されました。

明治になると女性でも羽織を自由に着られるようになり、おしゃれや防寒用として流行しました。なお、紋付《もんつき》など、羽織にも格の上下はありますが、現代では女性の場合は正式な礼装ではないとされています。また丈《たけ》の長さに決まりはなく、江戸時代から流行によって長くなったり短くなったりしています。

団扇《うちわ》錦絵《にしきえ》仕入所《しいれどころ》 増田屋《ますだや》源治郎《げんじろう》
（アド・ミュージアム東京）

江戸時代には女性の羽織は禁止されていたので、明治初期の浮世絵か。左褄《ひだりづま》をとった、芸者らしき粋な女性が黒紋付の羽織を着ている。

水野年方《みずのとしかた》
三井《みつい》好都《ごのみみやこ》のにしき　隣の子
（三越　資料室）

防寒のためか、家の中で羽織を着ている明治の女性。右の少女の髪を飾る大きなリボンも、当時の流行。

四季の美

どんな美？

普段のきものにもうひと味季節のエッセンスを

羽織

いつでも着られる四季の意匠

四季模様羽織

昭和　絹　染め

桜・菊・雪輪《ゆきわ》など四季の風物を落ち着いた紺地にまとめた、どんなきものにも合わせやすい便利な羽織。

夏の羽織で、ワンランク上のこだわりを

絽《ろ》地《じ》薄《すすき》模様《もよう》夏《なつ》羽織《ばおり》

昭和　絹　織り

防寒や塵《ちり》よけというよりも、素材の透《す》け感を楽しみたい人のおしゃれ。

コラム

あなどれない羽織紐《はおりひも》

現代では、防寒というと和装でもコートが主流になっているため、羽織はきもの・帯をはじめとするトータルコーディネイトを極《きわ》めた人、つまり上級者のおしゃれというべきでしょう。特に、付けはずしができるので個性が表れる羽織紐は、体の中心に来て全体の印象を決めるものですので、いいかげんなものは選べません。しかし、だからこそ身に着ける人のセンスが際立《きわだ》つものといえます。

羽織紐3種(図版協力:道明)
中央で結ぶタイプ

ビーズ羽織紐
(図版協力・撫松庵)
一本の紐をつけるタイプ

品格の美

どんな美?

上品さを加えたい時に一枚あると重宝《ちょうほう》

羽織

若々しくゴージャスな総絞《そうしぼ》りの質感

菊模様絞り羽織

昭和　絹　絞り

菊の模様は秋のものだが、総絞りはおめでたい気分を盛り上げるので、正月にも着られる。

シックな絵羽羽織《えばばおり》は上流夫人の趣《おもむ》き

梅模様絵羽羽織
（セイコきもの文化財団）

昭和　絹　染め

高級感あふれる、光沢のある綸子《りんず》地。梅の模様が抽象的なので、冬以外でも着られそう。

年代を問わない縮緬の濃い色無地

色無地◆加賀紋《かがもん》羽織
（図版協力:鈴乃屋）

平成　絹

花筏の大きな加賀紋が、かしこまりすぎない華やぎを添えている。

◆用語解説【加賀紋《かがもん》】— 家紋にこだわらず、おしゃれでつける紋。刺繍・染めなどが一般的。

洒落の美

どんな美?

羽織が主役!? 遊び心のコーディネイト

◆キュビスム絵画のような色柄

薔薇《ばら》模様《もよう》銘仙《めいせん》羽織《はおり》
（文化学園服飾博物館）

昭和 | 絹 | 織り

大正から昭和の始めにかけて、きものを中心にこのように大胆なデザインの銘仙が大流行した。

度肝《どぎも》をぬかれる奇抜な模様

お面模様の羽織
（池田重子コレクション）

昭和 | 絹 | 染め

お多福《たふく》・鬼などのお面を散りばめた、何ともユーモラスなデザイン。節分《せつぶん》の日に着たものか。

コラム

のぞいてみたい羽裏《はうら》ワールド

古着市やアンティークショップで売られているきもの類の中でも、そのユニークさでファンを惹きつけてやまないのが羽織の裏地=羽裏です。江戸時代に生まれた「粋」の美意識では、見えないところにこだわるのがおしゃれとされたため、ぜいたくでアイデア豊かな羽裏や襦袢が数多く作られました。明治以降もその風潮はやまず、戦前にかけてむしろ江戸時代より凝った模様のものが数多く作られたのです。

月餅《もち》つきウサギ羽裏
（リッチ・コレクション）
臼《うす》と杵《きね》で餅をつく、かわいいというよりリアルなウサギ。背景の月の、金箔《きんぱく》を貼った琳派《りんぱ》の屏風絵を思わせる表現が楽しい。表地は緻《ち》密《みつ》な織りがぜいたくな大島《おおしま》紬《つむぎ》の、おしゃれな男羽織で、大正～昭和初めごろの型友禅と思われる。

◆用語解説【キュビスム】—20世紀初期に起こった絵画運動。写実からはなれ、物体を幾何学的《きかがくてき》な点や線で再構成した。

コートの歴史

◇浴衣→合羽《かっぱ》→現代の和装コートへ

雨よけや防寒の際、江戸時代の女性は、はじめ小袖の上に木綿《もめん》の浴衣を着ていましたが、やがて男性用の◆丸《まる》合羽《がっぱ》に袖がついた女性用の長合羽に代わりました。明治時代から大正時代にかけては、合羽をよりエレガントな形にした「吾妻《あずま》コート」が大流行しましたが、そこから更に公家の塵《ちり》よけだった「被布《ひふ》」や、江戸時代の男性用半合羽が変化した「道行《みちゆき》」が広まり、吾妻コートはすたれました。

現在のきもの用コートは、道行・被布に限らず季節や用途に合わせて様々な形や素材のものが作られていますが、礼装用など特別な場合をのぞいては特に決まりはなく、雰囲気がきものに合えば洋装用のコートや大判のショールもおしゃれなものです。

歌川国貞《うたがわくにさだ》　歳暮乃深雪《せいぼのみゆき》
（静嘉堂文庫）

吹雪の中、女性用の長合羽に御高祖頭巾《おこそずきん》で行きなやむ美女を描いた幕末の浮世絵。厳重な身ごしらえに似合わず、足だけはだしなのは心意気。

水野年方《みずのとしかた》
三井好都のにしき《みついごのみやこのにしき》　野辺《のべ》の散策
（三越　資料室）

明治後期の浮世絵。洋傘を持ったハイカラな女性が、愛らしい飾り紐がついた吾妻コートを着ている。右の小間使《こまづか》いらしい女性も、当時の流行にそって地味な縞のきものに派手な半襟を合わせている。

◆**用語解説**【丸合羽】— もとは、桃山時代ごろポルトガルから伝わった防寒着Capa。広げると丸いのでこの名がついた。

用途の美

どんな美？

いちばん上に着るからこそ無難に落ち着きたくない

和装コートの代表格

薔薇《ばら》模様《もよう》御召《おめし》道行

昭和 絹 織り

御召の細かい織り模様で表現した薔薇がレトロな雰囲気。

古風でみやびな趣《おもむ》きの被布《ひふ》

源氏香《げんじこう》模様被布
（セイコきもの文化財団）

平成 絹 染め

あでやかな紫の房飾りと、源氏香の染め模様が奥ゆかしい。被布は現在、七五三の晴れ着としてもよく着られている。

コラム

きものを守る雨用コート

吾妻コート（右ページ参照）の流行あたりから、コートは防寒用と雨用に分かれた感があり、大正時代には洋装の影響を受けた防水布のレインコートが現れました。現在の雨コートの素材は紬・木綿・化繊など色々で、上下二部式のものと対丈のものがありますが、ポリエステル製で上下二部式ですと既製品でもサイズを気にしないで買えますし、小さくたためて便利です。

◆用語解説【御召《おめし》】— 縮緬のような風合いを持つ、先染めの絹織りもの。大正～昭和の初めにかけて大流行した。

特集

婚《こん》礼《れい》の衣装

白無垢《しろむく》から黒振袖。そして多彩な打掛《うちかけ》と振袖の現代へ

成り立ち

婚礼衣装がひとつの形として定着したのは、室町時代といわれます。当時の衣装は、白《しろ》ずくめの白無垢に、下《さ》げ髪、首に守り袋を提《さ》げ、白い被衣《かつぎ》を被《かぶ》るという、簡素《かんそ》なものでした。

婚礼衣装の色とされた白は、五行説《ごぎょうせつ》における五つの基本色の一つです。加えて、宮中での神事《しんじ》や公家《くげ》社会の出産や産着《うぶぎ》として用いられた、清浄潔白《せいじょうけっぱく》を意味する白装束《しろしょうぞく》の流れも受け、自然と選ばれたようです。これに後世《こうせい》「主人に従《したが》って婚家《こんけ》の家風《かふう》に染まっていく」という意味が加えられていきました。従者《じゅうしゃ》も白装束に身を包んだ当時の嫁《よめ》入り風俗《ふうぞく》は、お伽草紙《とぎぞうし》の絵巻物「鼠《ねずみ》草紙《のそうし》」に見ることができます。

歴史

現在多く見られる小袖《こそで》に打掛という花嫁衣装は、江戸時代の武家《ぶけ》女性の礼服《れいふく》が原型《げんけい》です。

打掛は地質《じしつ》が綸子、地色《じいろ》は白、赤、黒が元来正式とされ、刺《し》繍《しゅう》や染めで吉祥文様《きっしょうもんよう》がつけられます。当時の婚礼《こんれい》では、室町時

花嫁婚礼衣装
（田中本家博物館）
江戸後期
松竹梅の吉祥模様

後ろには鶴の模様も

代からの儀礼《ぎれい》に倣《なら》い、最初の数日間を白、その後「色直《いろなお》し」で赤や黒の打掛に着替《きが》えていたとも、色小袖に着替えたともいわれます。

富裕《ふゆう》な町人が文化の主流をなした江戸時代後期になると、白無垢に変わって、黒地に友禅《ゆうぜん》や刺繍を飾《かざ》った艶《あで》やかな五つ紋付《もんつき》の振袖を婚礼衣装とする風潮《ふうちょう》が生まれました。黒は他のどの色をも引き立てる色であるとともに、後に袖を詰めて留袖《とめそで》にして生かせる利点もあり、婚礼衣装が自前であった昭和の中頃まで主流をなします。

振袖の地色が赤や金、緑など多様化《たようか》し、豪華《ごうか》な打掛が再び一般的に着られるようになるのは、貸衣装《かしいしょう》が生まれた昭和四十年以降のことです。

小物と被り物

花嫁が携帯する小物の「懐剣《かいけん》」、「末広《すえひろ》」、紅《べに》や鏡《かがみ》を入れた「筥《はこ》迫《せこ》」は、当時武家の女性が身につけたもの。それぞれ「わが身と婚家を守る」「末広がりの幸を祈る」「身だしなみの良さ」という意味が込められています。

そして頭に被る「綿帽子《わたぼうし》」「角隠《つのかく》し」は、どちらも外出用の女性の被《かぶ》り物です。古来《こらい》外出のときに女性が被った「被衣」の習慣から端《たん》を発し、「自家から婚家へ移る」という意味を象徴《しょうちょう》しているといわれます。

花嫁の写真（文化学園服飾博物館） 明治?

右の衣装を着用した花嫁

花嫁衣装（文化学園服飾博物館） 明治?

黒地に松模様の振袖

襦袢の歴史

幕府の禁令が育てた!? 下着文化

現在は、きものの下着は長襦袢・肌襦袢・裾《すそ》よけのセットが一般的ですが、室町時代ごろまでは下着＝いちばん下に着る小袖（肌小袖）でした。襦袢は桃山～江戸時代初期ごろに日本にもたらされたポルトガルのGibao（ジバオ）に由来し、はじめは袖なし・上半身のみのものだったようです。これに袖が付けられた半襦袢＋裾よけのスタイルが、まず普及しました。

元禄《げんろく》ごろに長襦袢が現れ、縮緬《ちりめん》や絞《しぼ》りのものが作られるようになりました。その後の幕府によるぜいたく禁止令の影響で、目立たないところにこだわる美意識が生まれたこともあり、長襦袢はしだいに派手になっていって、明治・大正時代には型友禅《かたゆうぜん》などの技法を使ったり、西洋の意匠を取り入れたりと面白いものが数多く登場しました。

◆橋口五葉《はしぐちごよう》　化粧の女（手鏡《てかがみ》）
（鹿児島市立美術館）

赤い鹿《か》の子《こ》の長襦袢に、あでやかな半襟をかけた美女。女性の上品な色香を、襦袢が最大限に引き出している。

襦袢キーワード

長襦袢　足首まである丈《たけ》の長いきもの用下着。絹・麻・ポリエステルなど、季節や用途に合った様々な素材がある。

肌襦袢　長襦袢が装飾化し、肌着が必要になったため生まれた上半身だけの短い下着。木綿など吸湿性のある素材が使われる。

裾よけ　長襦袢の下に着る下着で、下半身に巻いて腰のひもで結ぶ。最近は、腰をゴムでとめるものも。腰巻・蹴出《けだ》しともいう。

鶴雲《つるくも》模《も》様《よう》裾よけ
（文化学園服飾博物館）

◆用語解説【橋口五葉《はしぐちごよう》】—明治～大正にかけて、洋画・日本画・装丁など多分野で活躍したが、特に版画家として名高い。

品格の美

どんな美？

礼装にふさわしい高貴な色彩

襦袢

春がすみのような淡いぼかし

桜ぼかし染め長襦袢地（図版協力：紫織庵）　平成　絹　染め

振袖など、若い娘のきものにふさわしい清楚な色合い。訪問着や小紋にも合わせられる。

凛《りん》とした正統派の純白

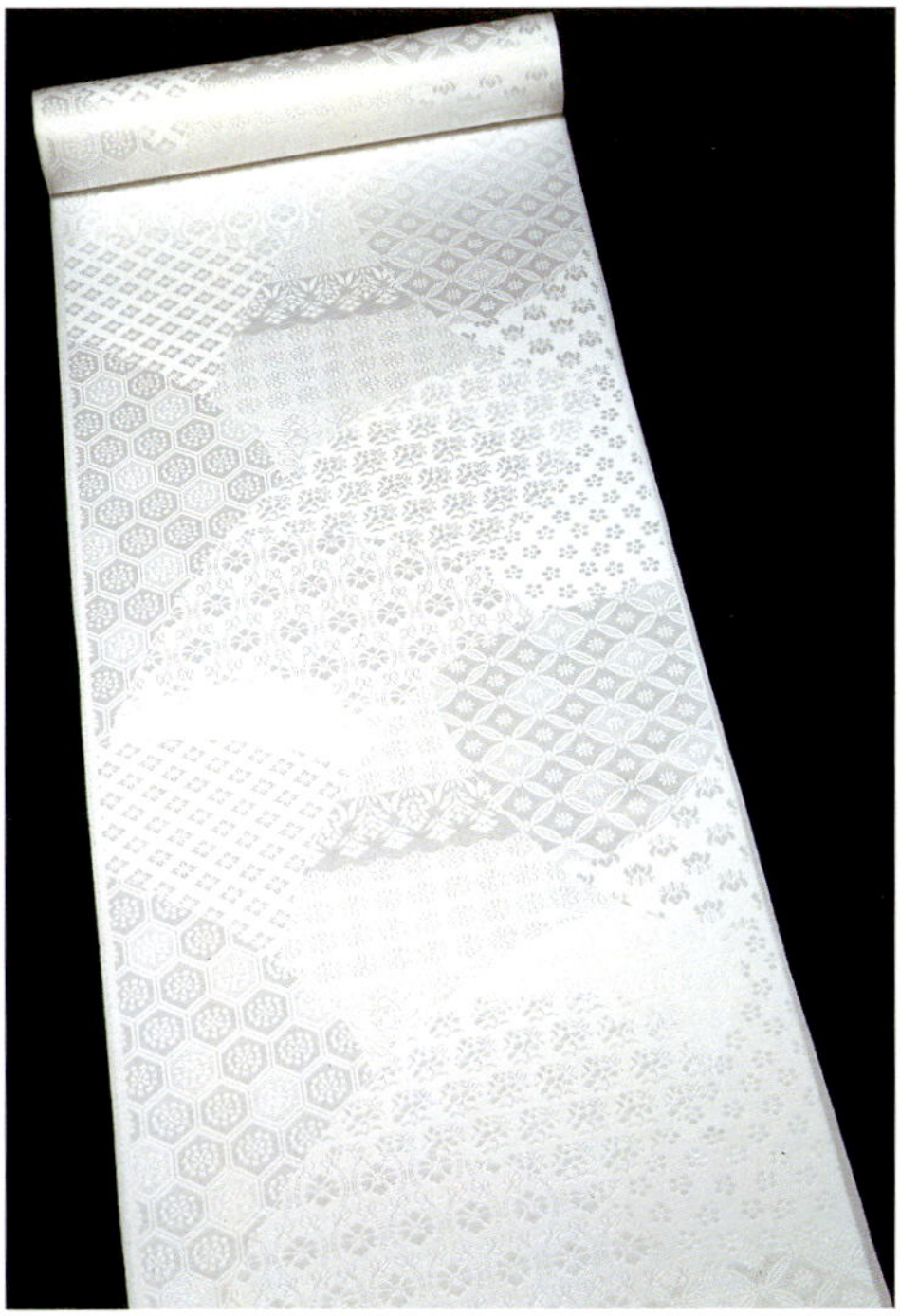

名物裂《めいぶつぎれ》模様長襦袢地
（図版協力：紫織庵）

平成　絹　紋織り

最上の礼装＝留袖《とめそで》のための白綸子《しろりんず》。凝《こ》った地紋は、意外に人目をひく。

色彩の美

どんな美？

袖口からこぼれる濃厚な色のときめき

なまめかしさを効果的に演出

紅《べに》縮《ちり》緬《めん》地《じ》鎖《くさり》文様長襦袢
（奈良県立美術館）

江戸 | 絹 | 染め

赤い色には身を守る呪力があり、保温性にすぐれていると信じられていたためか、昔の若い女性は、きものの色にかかわりなくほとんどが紅の長襦袢だった。

ロマンチックな少女のあこがれ

フランス人形模様長襦袢地
（図版協力：紫織庵）

平成 | 絹 | 染め

大正時代に実際に作られていた長襦袢を復刻した型《かた》友《ゆう》禅《ぜん》。大正ごろから流行したモダンな洋風柄は、きもの・帯よりも長襦袢の方がアイディア自在でバリエーションも豊富。

カラフルな花柄で個性的に

菊秋草模様長襦袢地
（図版協力：紫織庵）

平成 | 絹 | 染め

どんなきものに合わせてもインパクトがある色柄なので、普段着の小粋なエッセンスとして着こなしたい。

コラム

男の粋の見せ?どころ

江戸の昔から、女性のきものには地味・華やか両方あるのに、男性のきものは、色柄ともに落ち着いているという印象があります。しかし、男性にも派手で斬新《ざんしん》なデザインを楽しみたいという人はもちろんいたのです。そのような人々がとことんこだわったのが、きものの内側、つまり長襦袢や羽裏《はうら》（79ページ参照）でした。

図の襦袢は江戸時代のものですが、明治～昭和の初期にかけては、芝居・物語のモチーフや飛行機・ビルなどの洋風モダンを取り入れた、まさに絢爛《けんらん》たる襦袢文化が花開きました。その上に渋い縞などをさりげなく着て、何かの折にちらりと見せるのが通のおしゃれとされたのです。

江戸名所模様縫襦袢
（国立歴史民俗博物館）

江戸　木綿　刺繍

全体に緻密《ちみつ》な刺繍をほどこした、目をみはるように豪華な襦袢。上半身には浅草寺のにぎわいを、下半身には越《えち》後《ご》屋《や》や両国橋を描いている。

特集

芸者・遊女の衣裳

最先端ファッションで装《よそお》い グラビア美女の先がけに

成り立ち

浮世絵に描かれている女性の多くは、芸者や遊女です。また、明治時代に大流行した「美人絵はがき」のモデルも、そのほとんどが当時東京や京都で人気だった芸者でした。現代のように女優やモデルがグラビアを飾るまでは、彼女たちの姿があこがれの美女として世間一般に広まっていたのです。当然、そのファッションは最新流行で、しかも本人のおしゃれへのこだわりが現れているものでした。

特色

遊女の衣裳は、歌舞伎役者と同じく人目につくきらびやかなものが良しとされたので、後光のようにたくさん差したかんざし、前結びの厚く大きな帯、裲襠《うちかけ》など比較的わかりやすく、しかも一般の庶民には真似《まね》のできないものが多いのですが、芸者の衣裳は、一般の女性たちもこぞって真似をしました。特

現代の芸者
(図版協力:東京浅草組合)

白襟黒紋付《しろえりくろもんつき》に織りの帯で裾《すそ》をひく堂々たる姿は、芸者の第一礼装。大きくぬいた襟がなまめかしい。

(←左頁図)
歌川国直《うたがわくになお》 美人漫歩図《びじんまんぽず》(部分)
(奈良県立美術館)

黒紋付は、江戸時代から芸者の礼装。外出の時は褄《つま》を左手に持つのが決まりで、この事から、左褄=芸者を表す言葉となった。

に、江戸の芸者の「粋《いき》」は人々にもてはやされ、そのファッションが積極的に取り入れられたため、浮世絵に描かれた女性の中には、芸者なのか素人《しろうと》の娘なのかわからない人物も多いのです。

現代では

今は、派手さや色っぽさを競《きそ》った遊女の衣裳はすっかり廃《すた》れてしまいました。しかし、芸者は今でも花街《はなまち》に行けば会うことができ、そのあかぬけた着こなしや、きものを着た時の洗練された仕草《しぐさ》は、私たちもぜひお手本にしたい美しさです。

菊川英山《きくがわえいざん》　遊女白玉図《ゆうじょしらたまず》
（奈良県立美術館）

遊女の衣裳は、江戸時代を通じて過剰なほど派手になっていった。さぞ人目をひいただろうが、こんなに着込んでは身動きもできないのでは、と思われるほど満艦飾《まんかんしょく》の遊女。

帯揚げの歴史

帯を支え、お太鼓《たいこ》を整える

帯揚げは、帯の形が崩れないよう、きれいに見えるように帯の上部を固定する二十〜三十センチほどの幅の裂地《きれじ》です。地域によっては「しょいあげ」ともいいます。一般に使われるようになったのは、帯が幅広くなり、重く長くなった幕末ごろです。

明治になると、それまで隠していた帯揚げを見せるようになり、着る人の色彩感覚が問われる重要なポイントになりました。当時は無地が主流でしたが、大正時代になると、華やかな絞《しぼ》りが人気になりました。

現在は、振袖や七五三で胸の上部まで八の字に合わせる以外は、あまり幅広く見せるのはタブーとされて帯の間にはさみ込みますが、戦前までは厳密な決まりはなく、無造作《むぞうさ》に帯の上に出しっぱなしにするなど、結び方が自由だった事がうかがえる写真なども残っています。

楊洲周延《ようしゅうちかのぶ》　初春路上図《はつはるろじょうず》（東京国立博物館）

明治初期の肉筆浮世絵。右の若い娘は、大きな帯に鹿の子絞《こしぼ》りの帯揚げを結んでいる。半襟も派手で幅広い。

引札《ひきふだ》　佐藤辰太郎商店／硝子《ガラス》他（印刷博物館）

明治中期から大正にかけて描かれた美人画ポスター。赤い鹿の子の帯揚げを、左右対称を気にせず無造作に結んでいる。きものの花模様が洋風なのは、当時の流行の最先端。

素材の美

どんな美?

チラリと見せる胸元の微妙な表情

落ち着いた風合いの縮緬《ちりめん》

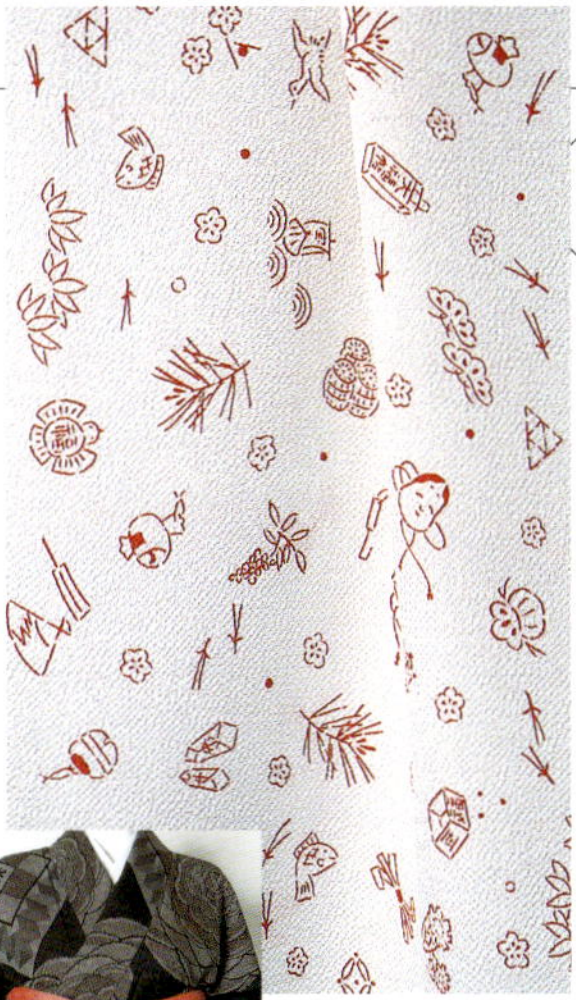

帯揚げ「万福《まんぷく》」（図版協力：伊勢由）

平成　絹　染め

カジュアルにも礼装にも、おめでたいときには最適。

清涼感が心地よい絽《ろ》

右から 帯揚げ「風鈴」「千鳥《ちどり》」（図版協力：伊勢由）

平成　絹　染め

透明感のある生地は、夏の装《よそお》いにふさわしい。

すっきりと品のよい綸子《りんず》

右から 帯揚げ「りんごピンク」「白地りんご」（図版協力：伊勢由）

平成　絹　染め

色や地紋に合わせて礼装にもおしゃれ着にも。

豪華にも可憐《かれん》にもなる絞《しぼ》り

上から 帯揚げ「蝶」「梅」（図版協力：伊勢由）

平成　絹　絞り+染め

鹿の子は華やかに、飛び絞りは上品に写る。

帯締めの歴史

帯の形が崩れないよう固定

帯締めは、文化年間《ぶんかねんかん》（一八〇四〜一八一七）、歌舞伎役者が考案した崩れやすい帯結びを固定するために生まれたとされています。江戸時代を通じて次第に幅広く長くなっていった帯を固定するため、幕末ごろには一般に普及していました。はじめは丸ぐけ紐・平ぐけ紐・扱《しごき》など様々なものが使われていましたが、その後は組紐《くみひも》が主流となって現在に至っています。なお、帯締めは江戸時代には「帯留」と呼ばれていました（↓94ページ）。

歌川《うたがわ》国貞《くにさだ》　ギヤマン燈籠《とうろう》
（静嘉堂文庫）

江戸後期の浮世絵。帯の上部に、紐状の帯締めが見える。

秋の三越グラフ（三越　資料室）（アド・ミュージアム東京）

位置や端の処理を見ると、現在よりも自由に結んでいることがわかる。

帯締めキーワード

丸ぐけ　細く縫い合わせた生地の中に綿を入れた紐。花嫁衣装の帯締めなどが一般的。

組紐《くみひも》　絹糸などの糸束を斜めに交差させて作る紐。江戸時代までは武具や工芸品などに使われていたが、明治の廃刀令《はいとうれい》以降は帯締めや羽織紐など装身具としても活用されている。組み方は、大きく分けて丸組・角組《かくぐみ》・平組の三つがある。

かたちの美

どんな美?

体の中心で、全体の印象を引きしめる

帯締め

格調高く締めごこちのよい組紐《くみひも》

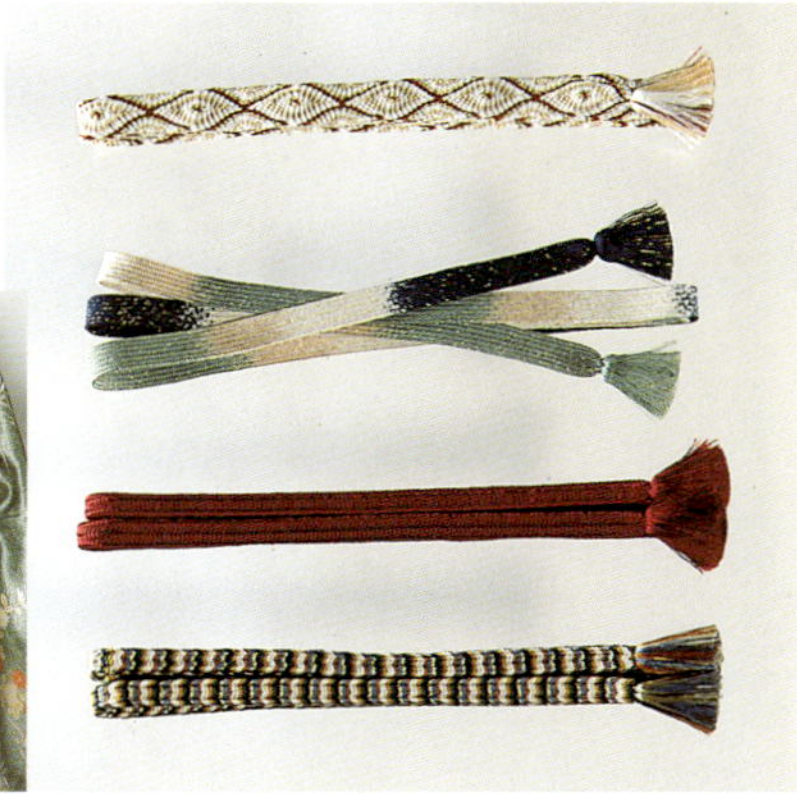

平組帯締め（上2本）（図版協力：道明）
上から 唐組《からぐみ》の「桐壺《きりつぼ》」、高麗組《こうらいぐみ》の「唐衣《からごろも》」　平成　絹糸

角組《かくぐみ》帯締め（下2本）（図版協力：道明）
上から 冠組《かんむりぐみ》の「黒紅《くろべに》」、御岳組《みたけぐみ》の「ゴブラン」　平成　絹糸

結びやすく親しみやすい丸組・丸ぐけ

丸組帯締め（右2本）
（図版協力：撫松庵）

平成　絹糸

気軽な普段着に合うが、白+金のものは礼装にも。

丸ぐけ帯締め（左2本）
（図版協力：撫松庵）

平成　絹（表側）

ふっくらと愛らしい形が、若い人を中心に人気。

帯留の歴史

江戸の男性用装身具がルーツ

帯留は、はじめは帯締めと同義で「帯が崩れないよう固定する紐」という意味だったようですが、最近では、紐だけを前で結ぶ時は「帯締め」、結び目を後ろに回した帯締めの前に付ける飾りものを「帯留」として区別する場合が多いようです。なお、帯留をつける時は、「三分紐《さんぶひも》」という細めの帯締めを使うこともよくあります。

刀装具《とうそうぐ》など、精巧な細工物を帯に飾る風習が現れたのは、江戸後期です。紐の両端に飾り金具を付けて、パチンと留める形式のものもありました。明治になると宝石や蒔絵《まきえ》などぜいたくな素材を使ったものがおしゃれの先端として流行し、現代も小粋なアクセサリーとして愛されています。

引札《ひきふだ》 大正屋商店/海産物他（印刷博物館）

大正末〜昭和初期の美人画ポスター。豪華な丸帯に、彫金と宝石を組み合わせた帯留を合わせている良家の令嬢。

歌川国貞《うたがわくにさだ》 江戸《えど》芸北国《げいほっこく》他所行《たしょゆき》田舎娘《いなかむすめ》（静嘉堂文庫）

幕末の浮世絵。派手で大きな帯の中央に、パチン式帯留が描かれている。

洒落の美

どんな美?

江戸の細《さい》工《く》物《もの》からつながる軽妙で緻《ち》密《みつ》な世界

帯留

身近な素材を題材に造形の妙

右と同じデザインでお香入れもある。ペアでさりげなく使うのも楽しい。

茄子《なす》帯留（図版協力:銀座平野屋）

平成　象牙

帯留に季節感を表すモチーフは多いが、野菜はユーモラスな趣《おもむ》きを添える。

洒脱《しゃだつ》な表情に思わず注目

達磨《だるま》帯留（図版協力:銀座平野屋）

昭和　象牙

一見、質感を生かしたさりげない印象だが、細かいところまで手をぬかない匠《たくみ》の技がかいま見える。

生きているような極彩色《ごくさいしき》の蝶

蝶帯留（図版協力:銀座平野屋）

昭和　象牙

象牙であることを忘れてしまいそうなリアルさ。シックなきもののポイントとして使いたい。

コラム

自由な発想であなただけの帯留を

伝統的な高級素材でなくても、また始めからそのために作られたものでなくても使えるのが帯留のよさで、例えば洋風のモチーフでも、全体のコーディネイトに愉快なスパイスを加える効果があるのです。最近では、海外で買ったブローチやおもちゃのアクセサリーを合わせて楽しむ人も増えてきています。

バッグ帯留（図版協力:撫松庵）

バッグのふたが開くようになっている、メルヘンチックなデザイン。

素材の美

帯留

どんな美?

超高級品からおもちゃまで、明治以後のミニチュアワールド

髪飾りが江戸時代の工芸ワールドだとすると、維新後《いしんご》に普及した帯留は、明治～平成にかけてのミニチュア細工の宝庫といえる。帯留の素材は、図版で紹介しているもののほか貴金属・やきもの・七宝《しっぽう》など実に広範囲にわたり、人間国宝が作ったもの、伝統工芸の各産地で作られたものと、まさに日本の近現代工芸の縮図を見る思いだ。

近現代の日本工芸

女性好みの新素材

その一方で、人気の縮緬細工《ちりめんざいく》や、おもちゃのような雰囲気がなつかしいアクリル製のものなど、女心をくすぐるユニークな素材の帯留も次々に作られている。

江戸の金工からつながる彫金

俵《たわら》に鼠《ねずみ》帯留（図版協力:銀座平野屋）

幕末～明治　銀に真珠

米粒に見立てた小さな真珠が心憎い。

高級素材の組合わせ

珊瑚《さんご》に黒べっ甲帯留（図版協力:銀座平野屋）

昭和　珊瑚+黒べっ甲

幾何学的《きかがくてき》なモダンデザインがアール・デコを思わせる。

高雅に輝く蒔絵《まきえ》

松田祥幹作　金蒔絵帯留

平成　蒔絵

洋風のブローチを帯留として流用したもの。

おだやかな白が映《は》える

アジサイ帯留（図版協力:銀座平野屋）

平成　象牙

梅雨のころに合うぜいたくで洒落たモチーフ。

やさしい手ざわりの縮緬

花帯留（図版協力：撫松庵）

平成　絹

オールシーズン使える、愛らしい花の細工。

精巧だが温かみのある木彫り

ひょうたんに菊帯留

平成　黄楊

黄楊《つげ》は櫛の素材として有名だが、木工にもよく使われる。

アクリル金魚のなつかしさ

金魚帯留（図版協力：撫松庵）

平成　アクリル

幼い頃、縁日ですくった金魚を思い出す。

キャンディみたいな色ガラス

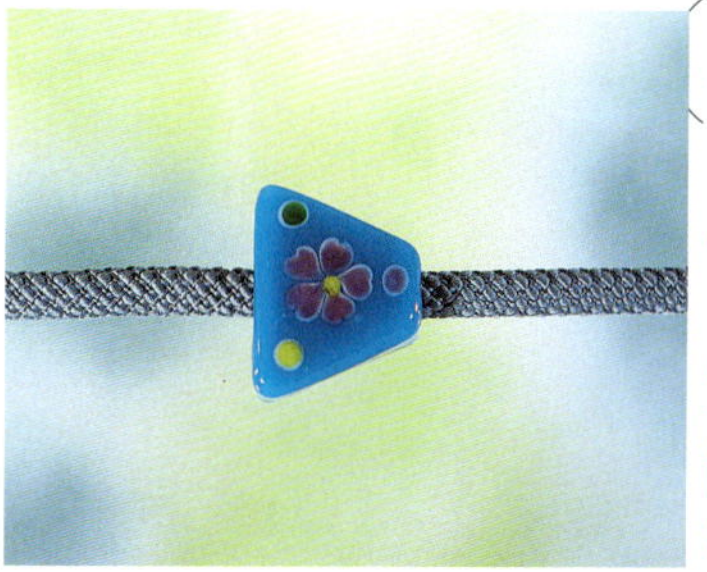

トンボ玉帯留（図版協力：撫松庵）

平成　ガラス

夏にふさわしい、ガラスの透明感。

コラム

帯留のルーツ・刀装具《とうそうぐ》とは

刀はそもそも実用品ですが、戦国時代が終わって江戸の泰平が続くと、武士のたましいとはいえ柄《つか》・鞘《さや》などの拵《こしら》え（装飾）はしだいに華美に、そして精巧になっていきました。

帯留が金属の細工物《さいくもの》から始まったのは、明治の廃刀令《はいとうれい》によって失職した彫金師たちが装飾品を作るようになったためという事もありますが、実際の刀装具が帯留に転用されたケースもあります。例えば、「三所物《みところもの》」といわれた細かい付属品は、多少の加工をして現在でもアンティークの帯留として使われているのです。

十二支三所物《じゅうにしみところもの》
（東京国立博物館）
上は兜《かぶと》などをかぶったまま頭がかける笄《こうがい》、右下は刀身と柄《つか》をつなぐ目釘《めくぎ》を飾る目貫《めぬき》、左下は鞘《さや》にさし添える小刀の柄である小柄《こづか》。

袋物・バッグの歴史

明治以降から、ハイカラさんが愛用

日本には、古来〝袋状の手提《てさ》げにものを入れて運ぶ〟という習慣がなく、たいがいのものは風呂敷《ふろしき》にくるんで背負《しょ》ったり抱《かか》えたりしていました。また、和服というのは、ポケットが無いわりに物を入れるところがたくさんあり、ちょっとした財布や煙草《たばこ》入れは、袂《たもと》や懐《ふところ》に入れたり、帯にはさんだりすることで充分間に合ったのです。

明治に洋風文化が取り入れられても、一般に手に提げるバッグ状の入れ物が使われることはなかったのですが、明治の終わりごろに「信玄袋《しんげんぶくろ》」が流行したり、洋風手提げとして「オペラバッグ」が発売され、ハイカラな女性を中心に徐々に普及していきました。

現在では、和装用にも様々なバッグや袋物が作られていますが、ＴＰＯや格さえ合えば特に厳密な決まりはなく、例えば欧米のブランドバッグやアジア製のカゴを合わせて楽しんでいる人もよく見かけます。

歌川国芳《うたがわくによし》　七小町《しちこまち》-かよひ小町
（神奈川県立歴史博物館）

江戸後期の浮世絵。少女が2人、風呂敷包みを抱えて歩いているのは、寺子屋《てらこや》へ通う途中だろうか。

水野年方《みずのとしかた》 三井好《みついごのみ》 都《みやこ》のにしき　外出（三越　資料室）

明治後期の浮世絵。左の女性が、手に布製の信玄袋を提《さ》げている。右の少女はショールを持ち、かなり流行に敏感な母娘か姉妹。

※「江戸の華　浮世絵展」（町田市立国際版画美術館）より

用途の美

どんな美？

礼装用は格調高く カジュアル用は使いやすく

変わらないスタンダード

籠信玄《かごしんげん》（文化学園服飾博物館）

明治　絹

明治後期、袋物として日本でいち早く広まった巾着型《きんちゃくがた》の「信玄袋」に籠がついたもの。

異国情緒香る超高級品

福島粂子《ふくしまくめこ》作 金唐革《きんからかわ》バッグ「波に雁《かり》」

平成　革+金箔

金唐革とは、江戸時代にオランダとの交易によって伝わった工芸品で、牛や羊の革にへらや型で模様を浮き出させて、金銀箔を貼ったもの。

バッグと風呂敷が合体

あずま袋2種（図版協力：銀座くのや）

平成　レーヨン　絞り

正方形の生地を縫って作る。洋と和の発想がひとつになった形だが、和装によく合い、折りたためて携帯にも便利。

国産洋風バッグ第一号

オペラバッグ（文化学園服飾博物館）

明治　絹　織り

明治38年に発売された「オペラバッグ」は、大正時代にかけて流行し、やがて布製から革製《かわせい》になった。

収納力抜群でコンパクト

ボストンバッグ2種（図版協力：銀座くのや）

平成　絹（奥）・木綿（手前）

まちが広いので、財布や携帯電話など必需品をまとめられて便利。左の帯地製《おびじせい》は留袖《とめそで》などの礼装用に、右の絞《しぼ》りはカジュアル用に。

新鮮な発想力

バッグ2種（図版協力：撫松庵）

平成　デニム（左）・絹（右）

洋風でもポップでも、楽しんで合わせればなじむという新発想が、若い人を中心に流行っている。

袋物・バッグ

特集

江戸の携行品《アクセサリー》ワールド

しゃれた小物で、センスをアピール

装身具

日本では、指輪やネックレスなど、体の外部を飾る装身具はあまり発達しませんでした。江戸時代のアクセサリーは？と問われても、思いあたるのはかんざしや櫛《くし》などの髪飾りでしょう。

種類

しかし、意外なところで、驚くほどこだわられたアクセサリーがありました。それは、煙草《たばこ》入れや紙入れなど、実用を兼ねた携行品です。特に煙草入れや印籠《いんろう》など、根付《ねつけ》を使って帯から提《さ》げるもの＝人目につくものは、装身具として男女を問わずこだわり、デザインも技法もすぐれ〝芸術品〟と呼んでもよいものが数多く残っています。

また、紙入れや楊枝差《ようじさ》しなど、普段は袂《たもと》や懐《ふところ》にしまっておいて、ちょっとした機会に取り出す携行品も、その人のセンスが問われる重要なアクセサリーとして美しい装飾がほどこされました。

薬玉文様筥迫《くすだまもんようはこせこ》(奈良県立美術館)

江戸　絹　刺繍

筥迫は、紙を入れる部分と小物を入れる部分とに分かれており、中には懐紙《かいし》・鏡・櫛・かんざしなどを入れた。胸元に差し込むので装身具として美しく飾られたものが多く、びらびらかんざしを入れるとより華やかになった。ひもの先の小袋には、香が入れられた。

印籠《いんろう》　秋草図/根付《ねつけ》　菊(飛騨高山印籠美術館)

江戸　木製　金蒔絵

女性が持ったと思われる、小ぶりで愛らしいデザイン。印籠は、武家や富裕な町人が使った薬を入れる携帯容器だが、実用品としてばかりでなく精巧な工芸品として愛好された。根付は本来、帯にひっかける留め具だが、こちらも日本の繊細《せんさい》な工芸技術の粋を集めたミニチュア彫刻として現代でもファンが多い。

脇差《わきざし》煙草《たばこ》入《い》れ

江戸　絹　織り

きざみ煙草と煙管《きせる》を入れるための容器で、懐に入れるタイプ、帯から提げるタイプ、帯に差すタイプと様々。図版のものはやや小ぶりな女性用で、帯に差すタイプ。江戸の女性は喫煙を好み、煙草を吸う姿が浮世絵に数多く描かれている。

紙入れ

江戸　絹　織り

元々は、懐紙や鼻紙を入れるための小さなケースだが、次第に装飾的になっていき、色々なものを入れる仕切りができるなど、機能も多様化した。

楊枝差《ようじさ》し

江戸　絹　織り

楊枝や箸を入れて、帯や懐に入れて持ち歩いた。美しい端切《はぎ》れで作った自家製が多い。

※当ページ図版：京都府蔵・京都府京都文化博物館管理

足袋の歴史

① 木綿＋こはぜのスタイルは江戸中期から

足袋は、奈良時代から貴族がはいていた、指の先が分かれていない絹の襪《しとうず》と、中世の武士が足の保護のためにはいた革足袋、二つのルーツがあるといわれています。階級を問わず広くはかれるようになったのは桃山時代ごろからで、江戸時代になると革製から木綿・絹製になりました。はじめは上部を紐でくくっていましたが、やがてボタン式になり、十八世紀に入るとこはぜが考案されて、これが主流になりました。

② 足袋こそキレイにはきこなしたい

立ち居の時にしわが出ないよう、足にフィットした足袋をすっきりと美しくはきこなすのは非常に大切なことです。単に「はき慣れればいい」という問題ではなく、自分の足の形に合った足袋を買うのが一番です。このため、歌舞伎役者や日本舞踊の家元など、毎日足袋をはく人は、決まった足袋店に自分専用の足型を置いているくらいです。

一般人は足型まで作る必要はありませんが、専門の足袋店なら、靴と同じ意味での「足のサイズ」のほか、足の横幅、甲《こう》の高さなどが細かく分かれた既製品の足袋を作っているので、お店の人に見てもらいながら試しばきをして買うことをおすすめします。

足袋キーワード

こはぜ　爪のような形をした足袋のかかとを合わせるための留め具で、江戸時代中期に生まれた。はじめは鯨《くじら》の骨や象牙《ぞうげ》で作られていたが、現在は金属製が一般的。

紐足袋（福山市松永はきもの資料館）　平成　木綿

江戸時代の形の複製品として、現在も作られている。

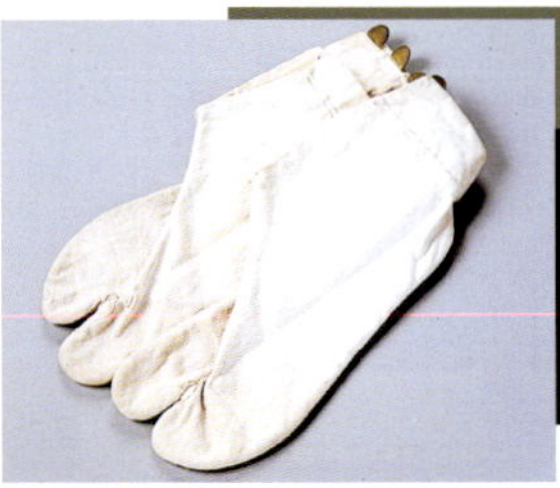

明治のこはぜ足袋（福山市松永はきもの資料館）　明治　木綿

こはぜを留める裁《た》ち布（タツ）を別につけている古い形。

色彩の美

どんな美？

コーディネイトのはばが広がる基本の無地

最も映《は》える、無垢《むく》な白

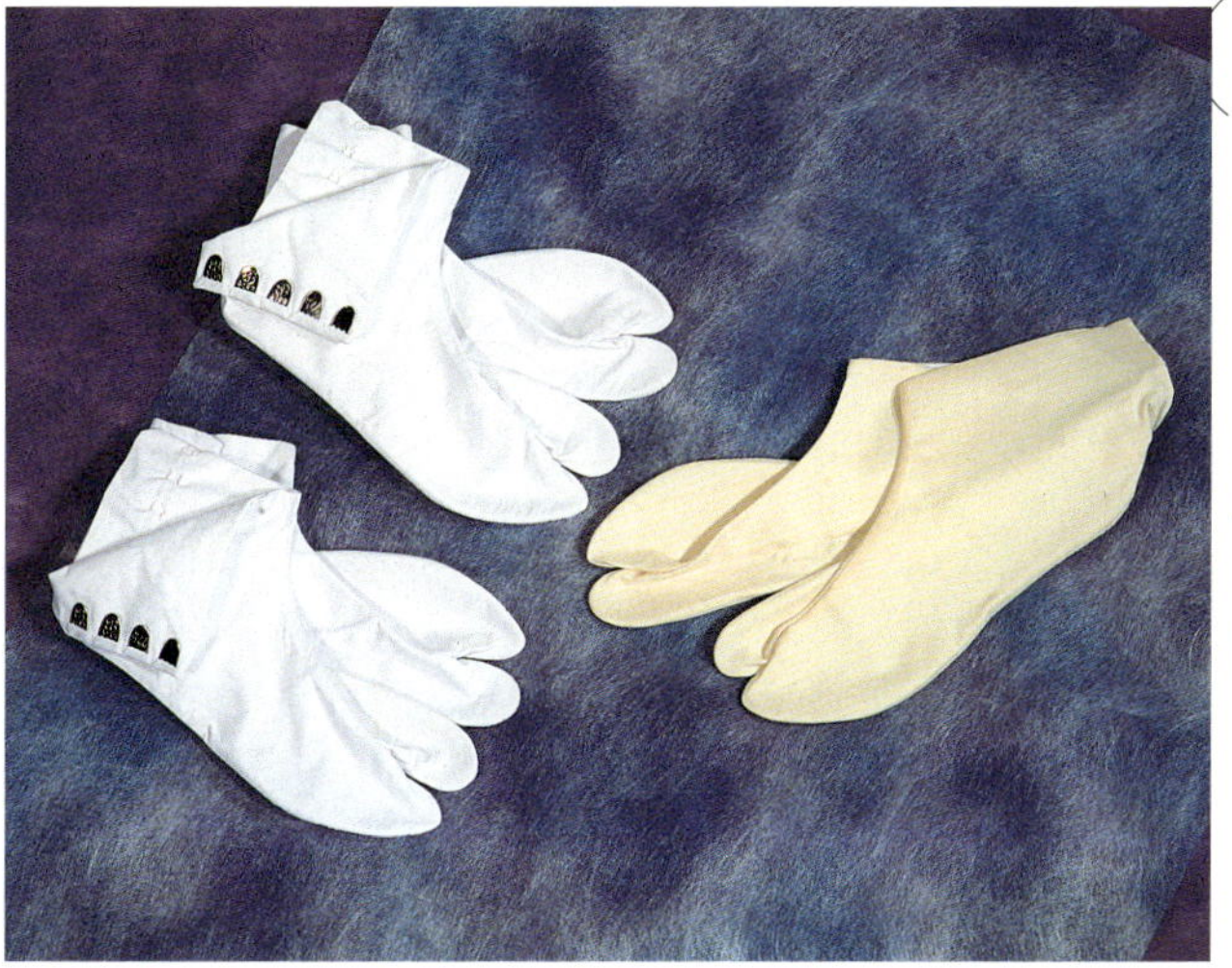

木綿足袋(左上下)／**羽二重《はぶたえ》足袋**(右)(図版協力:木綿=むさしや足袋店/羽二重=大野屋總本店)

キリリとした白足袋こそ、きもの姿をひき立てる最高のスタイル。左は木綿製で、上から五枚こはぜ・四枚こはぜ。右の白羽二重◆は、花嫁がはくための特別製。

汚れは目立たず、センスは際《きわ》立《だ》つ

色足袋3種(図版協力:大野屋總本店)

無地・柄ものどちらのきものにも合わせやすいので、何色かそろえたい。最近は、こはぜの代わりにマジックテープで留める便利なものも（左下）。

◆用語解説【羽二重《はぶたえ》】— 柔らかい上質の絹生地。地紋のない平織りで、光沢がある。

可憐な美

どんな美？

足元にさりげなく
キュートなスパイスを効かせる

足袋

正統派に嬉しい
昔ながらの小桜《こざくら》

小桜模様足袋（図版協力：大野屋總本店） 平成 木綿 染め

春先に限らずオールシーズンはける小桜は愛らしい模様だが、江戸時代には意外にも武士の正装用だった。

お気に入りの
「かわいい」ワンポイント

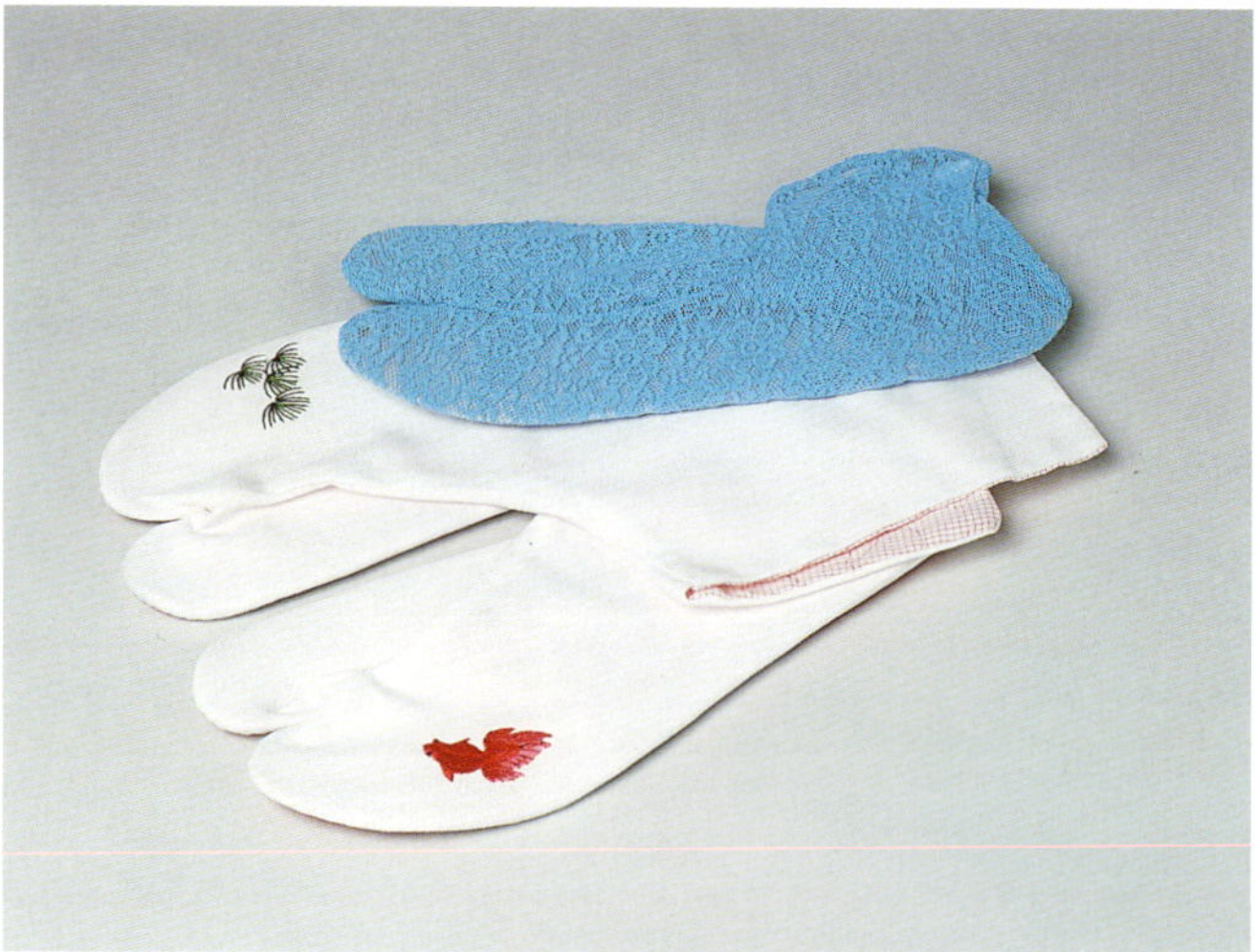

刺繍足袋・レース足袋（図版協力：撫松庵） 平成 木綿（刺繍）/ナイロン（レース）

白地の刺繍足袋は、左が金魚で右が藻《も》というユニークな取り合わせ。水色のレース足袋はこはぜが無いので、くつ下感覚でカジュアルに。

遊びの美

どんな美？

時にはポップに大胆に 足元にも主張をもたせたい

足袋

足袋

見ているだけで心もはずむ

カラフルな模様足袋（図版協力：右上＝装十/ほか＝撫松庵）

和洋の色・柄を散りばめた楽しい足袋。どうしても足元に注目を集めてしまうので、全体のコーディネイトには工夫が必要。

コラム

外出のお供に・足袋ケース

一点のシミもない真っ白な足袋は、きもののおしゃれには欠かせないものですが、外を歩いているとどうしても汚れてきてしまいます。そんな時のために、替えの足袋を一～二足用意しておきたいものです。入れものは自由なのですが、ちょっとした時にこだわりをアピールできるものとして、専用の足袋ケースに入れるのはいかがでしょう。たいがいの和装小物店で売っていますし、それぞれのお店の個性を生かしたものがそれほど高くない値段で手に入ります。

足袋ケース二種

右は、縮緬《ちりめん》で作った上品でシンプルなもの。左は、アジア製の更紗《さらさ》で作ってある個性的なもの。

（図版協力：縮緬＝銀座くのや／更紗＝むら田）

はきものの歴史

ぞうりと下駄を中心に

1 歴史は古いが、一般化したのは江戸時代から

和装の時の女性のはきものといえば、現在ではほとんどがぞうりと下駄ですが、これは江戸時代から変わっていません。

ぞうりは平安時代ごろ生まれたとされ、はじめは藁《わら》などの植物を編んだものでしたが、江戸時代になって、布や革を貼ったり台を重ねたりと技巧を凝《こ》らすようになりました。下駄には、大きく分けて台に歯を差し込む「差歯《さしば》下駄」と、ひとつの木材を削って歯を刳《く》り出す「中刳り下駄」の二種類がありますが、そのルーツは弥生時代の農具「田下駄《たげた》」だといわれています。

2 TPOをふまえた上でのはきこなし

現在はぞうりをはく機会の方が多く、下駄は浴衣などカジュアルなもの・裸足に合わせるものとされています。しかし、礼装など特別な場合をのぞいては厳密な決まりはないので、足袋をはいている時でも、下駄がよいと思えば自由に合わせるのも個性的なおしゃれです。

なお、ぞうりはかかとが高い＝礼装向き、低い＝カジュアル向きといわれていますが、身長とのバランスも考えて選びましょう。

はきものキーワード

台　ぞうり・下駄など和装用のはきもので、足を乗せる土台の部分。

鼻緒　親指とその他の指をひっかける部分。ここが合わないと足が痛むので、おしゃれだけでなく太さやゆるさにも注意が必要。

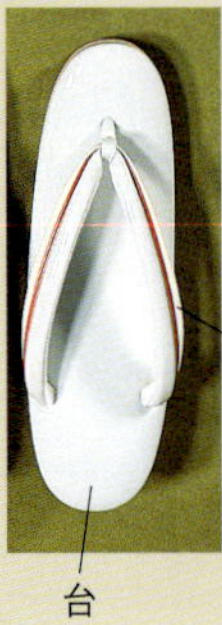

ぽっくり　木を刳りぬいて作る、高い下駄。漆塗りや蒔《まき》絵《え》といった高級感のあるものが多い。現在では舞妓《まいこ》や七五三の女児用として使われる。

中刳《なかぐ》り下駄（福山市松永はきもの資料館）

江戸時代に作られたもの。台は黒い漆塗りで豪華だが、鼻緒は木綿でできている。

縁取《ふちど》りぞうり（福山市松永はきもの資料館）

江戸時代のもの。台のまわりを革で縁取りしたもので、商家の娘が外出の時にはいていた。

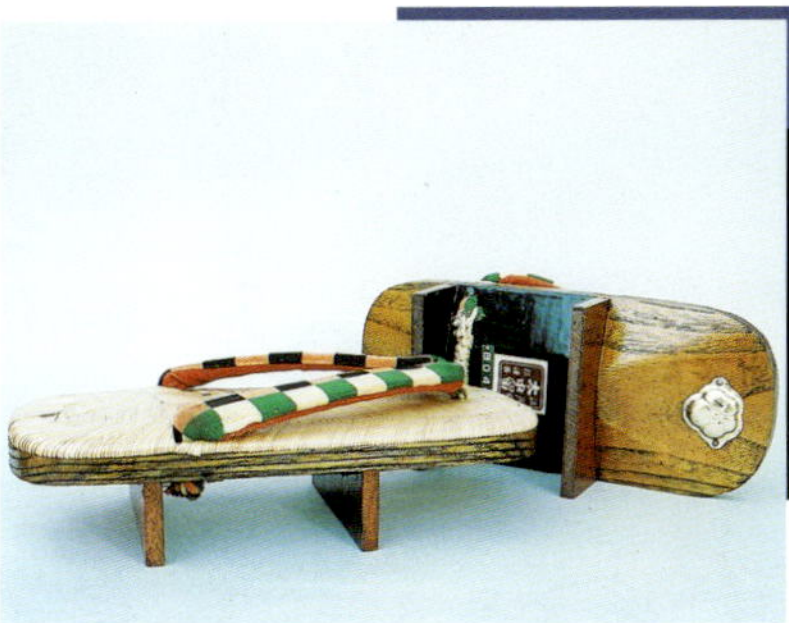

竹皮表つき差歯下駄（福山市松永はきもの資料館）

大正末期の利休下駄。なお、差歯下駄で歯が低いものを、関東では「日和下駄」、関西では「利休下駄」といった。

重ねぞうり（福山市松永はきもの資料館）

昭和のはじめごろ、花嫁用に作られた優美な重ねぞうり。刺繍した絹が貼ってある。

草鞋《わらじ》　藁で編んだはきもの。足首にくくりつける紐がついているので、旅行や労働の際に使われたが、現在はほとんどはく人はいない。

草鞋
（福山市松永はきもの資料館）

ぽっくり下駄
（福山市松永はきもの資料館）

台の美

—ぞうり—

どんな美?

時代や流行に合わせて変化する形と素材

基本のエナメル

革にエナメル加工をほどこしたもの。

格式高い重ね

カラフルなかかとが美しい。

礼装用の佐賀錦《さがにしき》

絹の光沢が晴れの場に似つかわしい。

豪華な螺鈿

脱いだ時に目を奪われる輝き。

昔ながらの畳表

戦前までは最も一般的だった台。

夏向きのパナマ

メッシュの網目が涼しげな天然素材。

斬新《ざんしん》なメリーステップ

現代的なラインで、はきやすく疲れにくい。

キュートな小判型

最近はやりの丸っこい形。

※当ページ図版協力:ぜん屋

台の美 ―下駄―

どんな美？
伝統の技を受け継ぐ クラシックさが魅力

はきもの

正統派の白桐

美しい柾目はやはり心ひかれる。

シックな焼桐

渋い江戸小紋などを合わせたい。

粋好みの神《じん》代《だい》杉《すぎ》

桐とはまた違った木目がいい。

古風な畳表

側面の蒔絵もエレガント。

落ち着いた黒塗り

どんな色柄にも合わせやすい。

愛らしい朱塗り

若々しく可憐な印象。

手のこんだ鎌《かま》倉《くら》彫《ぼり》
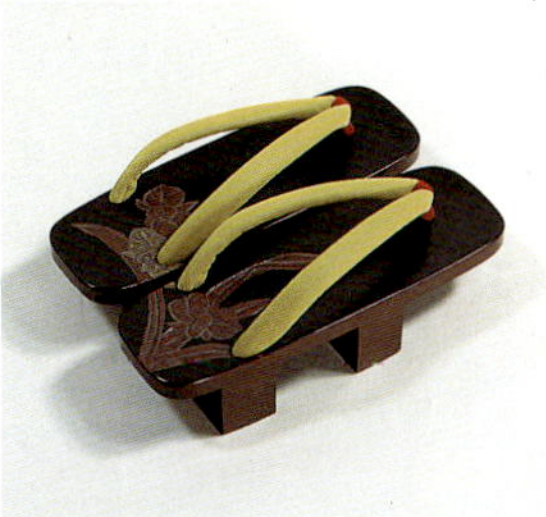
よく見ると、左右で絵柄が続いている。

個性的な津《つ》軽《がる》塗《ぬり》

民芸調の塗りが注目を集めそう。

※当ページ図版協力：銀座やまと屋

鼻緒の美

どんな美?

台との組み合わせに迷う心のはずみ

はきもの

カラフルな染め

白桐下駄（図版協力：銀座やまと屋）

重厚な織り

畳表蒔絵下駄（図版協力：銀座やまと屋）

定番の革

エナメルぞうり（図版協力：ぜん屋）

初々しいビロード

朱塗り下駄（図版協力：銀座やまと屋）

華やかな刺繍

畳表《たたみおもて》ぞうり（図版協力：ぜん屋）

民芸調の印伝

神代杉下駄（図版協力：銀座やまと屋）

コラム

雨の日のはきもの

きもので外出しようとしているのに、天気が悪いのはゆううつなもの。とりわけ、はきものや足袋の汚れは気になります。ぞうりを包む、携帯用のビニールカバーなども安価で売っていますが、雨の日に使う、つま先を保護する爪《つま》皮《かわ》付きのぞうりや下駄を買っておいて、思いきって出かけてみるのはどうでしょう。

雨用ぞうり

雨用下駄

（図版協力：ぜん屋）

コラム

心意気を見せたい男のはきもの

男性用のはきものは、ぞうり・下駄・雪駄《せった》の三種ですが、柾目のスッと通った桐下駄やいなせな雪駄をはいてさっそうと歩いている姿は、やはり女性には真似のできないもので心ひかれます。

特に雪駄は、まさに「日本男子の心」と呼びたいはきものです。藁《わら》や竹の皮で作られたぞうりの裏に、水分がしみないよう革を貼ったもので、千《せんの》利休《りきゅう》が考案したといわれていますので、桃山時代ごろに誕生したものでしょう。底の後部に尻鉄《しりがね》が打ってあるので、歩くとチャリチャリと音がするのが粋だとして、江戸っ子に愛されました。現代でも、はき慣れている人が素早くつっかけて通っていく姿は、息をのむほどいなせです。

下駄は、男性の場合は昭和の中ごろまで、洋服の時でも気軽くはかれた普段のはきもので、桐だけでなく丈夫な杉や朴《ほお》のものも愛用されました。現在では、カラコロと鳴る下駄の音を聞く機会はほとんどありませんが、昭和のノスタルジーとして記憶にとどめている人も多いのです。

男用桐下駄（福山市松永はきもの資料館）

雪駄《せった》（福山市松永はきもの資料館）

特集 美人画家に学ぶ きものコーディネイト

画家の美意識を写した近代女性のファッション

特色

浮世絵に江戸の最新ファッションが描かれているのと同様、近代の日本画家が同時代の美女を描いた絵を見れば、当時の女性風俗がわかります。ただし、モデルたちのファッションは単なる最新流行ではなく、画家が研究を重ねた上での美意識や色彩感覚に基《もと》づいたものなので、それぞれが創造的な美しさを持っています。またその描写力によって、例えば鹿《か》の子絞りや夏の薄物など、素材感が手にとるようにわかるので、現在の私たちが見ても参考にできるところが多いのです。

画家たち

近代の美人画家の双璧とうたわれるのは、鏑木《かぶらき》清《きよ》方《かた》と上《うえ》村松園《むらしょうえん》です。どちらも明治に生まれ、昭和まで活躍した日本画家ですが、清方は江戸の面《おも》影《かげ》を残

竹久夢二《たけひさゆめじ》　夏姿（竹久夢二美術館）

ここを真似たい

1 かんざし・しごき・鼻緒にほの見える紅。松園はどんな地味なコーディネイトにも、必ず赤を効かせて女性らしい華やぎを演出している。

2 若々しいパステルトーンのきものに、黒い帯のアクセントで全体の印象を引き締める。

ここを真似たい

1 伝統的な市松模様だが、ゆるく着付けることで大正ロマンの香りがただよう。

2 ヘアスタイルはボリュームのあるアップにして、華奢な体のラインを強調。

す東京の美女を時には叙情《じょじょう》たっぷりに時にはなまめかしく描き、松園は京都の上品な美女を表情豊かに描きました。

また大正時代には、竹久夢二《たけひさゆめじ》や高畠華宵《たかばたけかしょう》が、当時の頽廃的《たいはいてき》なモダニズムを投影させた美女や美少女をロマンチックに描いて人気を博しました。

鏑木清方《かぶらききよかた》　夏の女客（茨城県近代美術館）

上村松園《うえむらしょうえん》　虹を見る（右隻の部分）（京都国立近代美術館）

ここを真似たい

1. きもの・半襟の色を合わせた上に、緑系のかんざし・うちわで全体の清涼感を統一 。
2. 朱の帯揚げに紫の帯で、大人の女性の品のあるなまめかしさをアピール。

浴衣の歴史

オールマイティに、気楽に着られた

浴衣ははじめ、読んで字のごとしでまさしく蒸し風呂に入る時や、湯上りに汗をとるために着ていた無地の麻で、当時は「湯帷子《ゆかたびら》」といっていました。江戸時代になると、吸水性にすぐれ、肌ざわりがよい安価な木綿が普及し、自然と浴衣は木綿に代わりました。

江戸時代には、寝巻きになったり、雨よけ・塵《ちり》よけになったり、夏の家着になったりと大活躍した浴衣ですが、現代のように堂々と外出できるようになったのは、明治中期以降といいます。なお、生地は木綿の平織が一般的ですが、より涼しげな綿絞りや綿絽《めんろ》、洗濯機で洗えるポリエステルなどでも作られています。

白木綿地花筏千鳥《はないかだちどり》文様浴衣
（奈良県立美術館）

浴衣に限らず、江戸時代の木綿製品は庶民の消耗品だったため、現存しているものは珍しい。

鳥居清長《とりいきよなが》　色競艶婦姿《いろくらべえんぷのすがた》　浴室
（慶應義塾図書館）

浴衣がバスローブとして使われていたことがよくわかる、江戸中期の浮世絵。

粋な美

どんな美？

女性を最も美しく見せる白と紺のコンビネーション

浴衣

清《すが》々《すが》しい中に妖《よう》艶《えん》さがにじむ白地

白地に薄模様浴衣地
（図版協力：竺仙）

平成　木綿　染め

白地に紺は、一見落ち着いてシックな印象だが、ふとした仕草が非常になまめかしく見え、街なかでも意外に目立つ大人の色。

本来のスタイルをより引き立てる紺地

紺地に千鳥模様浴衣地
（図版協力：竺仙）

平成　木綿　染め

紺地に白は、体形を色っぽく見せたい人におすすめ。スラッと細い人はしなやかな柳腰になり、ふくよかな人は豊満なグラマーになる効果がある。

大胆な美

どんな美？

手仕事から生まれた、立体的な模様を描く絞り

浴衣

年齢を問わないダイナミックな模様

蜘《く》蛛《も》絞《しぼ》りの浴衣
（図版協力：有松・鳴海絞会館）

平成　木綿　染め

紺地に、白の蛇《じゃ》の目《め》模様が美しい。力強い大胆な柄は、年齢に関係なく人気である。

二つの技法を使ったモダンな柄

鎧段《よろいだん》絞りと竜《たつ》巻《まき》絞りを施した浴衣
（図版協力：有松・鳴海絞会館）

平成　木綿　染め

絞りが立体的な模様を描き、独特な風合を出している。

有松・鳴海絞り

江戸時代のはじめ、竹田庄九郎が三河木綿で豆絞りの道中手ぬぐいを染めて売り出したのが始まりとされる。縫い絞り、筋絞り、三浦絞りなど100種を超える絞り模様があり、日本の絞りの生産量の９割を占める。安藤広重の浮世絵版画「東海道五十三次」の中にも、有松絞りの店が描かれている。

進化するカラフル浴衣

夏のある日、駅や繁華街《はんかがい》にピンクやブルー、黄色、緑などの色彩があふれる日があります。それを見ると、「ああ、今日は花火大会なんだな」と思います。

カラフルな色たちの正体は、若い女性が着ている浴衣です。それぞれアクセサリーやマニキュアを合わせ、まさに洋服感覚で身につけています。浴衣がこれほどまでカラフルになったのは平成に入ってからで、新しい夏の風物詩といえるでしょう。

最近では、これに半襟や帯留を合わせたり、さらに斬新《ざんしん》な模様や色、素材のものが作られたりと、心が踊る新鮮な試みもどんどん提案されています。

金魚模様の浴衣
（図版協力：撫松庵）

平成　木綿

黄色の帯に布花の帯留を合わせてキュートに。

花柄の浴衣
（図版協力：撫松庵）

平成　キュプラ

これまでの浴衣には見られなかったような柄と色彩。

特集

公家・武家の衣服

三つの身分による違いと影響

日本の服飾は、大きく分けて公家・武家・庶民の三つの階層別にそれぞれ発展し、歴史の流れの中で同化したり、さらに区別されたりをくり返しました。

公家の衣服は、身分や公私によって厳密に決まりがありました。平安時代に定められた基本が、簡略化はあったものの現代まで続いていますが、今では皇室や神職などのごく一部をのぞいてほとんど着られることはありません。武家の衣服は、貴族へのあこがれと機能性、この二つの流れに添って武家が支配階級であった鎌倉〜江戸時代にかけて変化していきましたが、これも明治維《めいじい》新《しん》の後は、時代劇でしか見られない風俗になりました。

束帯《そくたい》

直衣《のうし》

◆公家・武家の主な衣服

名称	着た階級	性別	時代	特　徴
束帯《そくたい》	公家	男	平安〜	宮中に出仕する際の、高位の公家の礼服
衣冠《いかん》	公家	男	平安〜	束帯の略装
直衣《のうし》	公家	男	平安〜	公家の日常着
狩衣《かりぎぬ》	公家・武家	男	平安〜	公家の外出着から、公家・武家両方の礼服に
十二単《じゅうにひとえ》	公家	女	平安〜	宮中に仕える女性の礼装
直垂《ひたたれ》	公家・武家	男	平安〜	平安期＝庶民の労働着/鎌倉期＝武家の通常着/室町期〜＝武家の礼服・公家の日常着
大紋《だいもん》	武家	男	鎌倉〜	直垂に、家紋を大きく付けたもの
肩衣長袴《かたぎぬながばかま》	武家	男	安土桃山〜	武家の礼装(直垂・大紋が簡略化)
裃《かみしも》	武家	男	江戸〜	肩衣長袴が簡略化した礼装
打掛《うちかけ》	武家	女	室町〜	打掛+小袖が、武家婦人の礼装に
腰巻《こしまき》	武家	女	安土桃山〜	打掛を着ずに腰に巻いた、夏の武家婦人礼装
掻取《かいどり》	公家	女	江戸〜	武家風を取り入れた打掛姿をこう呼んだ

※118〜119ページの図版：東京美術刊『日本美術図解事典』より

男のきものの魅力

基本のスタイル

1 江戸時代から変わらぬ男のきもの

男性のきものの歴史は、公家・武家・庶民と階層別に変化しましたが（118～119ページ参照）、現在の対丈《ついたけ》で着るスタイルなどは、江戸時代の町人の小袖からほとんど変わっていません。

現在では、普段着としてきもので街を歩いている男性の姿はあまり見られません。つまり、きもの姿の男性は、歌舞伎役者や落語家・茶道家といった職業の人か、趣味にこだわる人なのです。それだけに着こなし名人が多く、裾《すそ》さばきや羽織の脱ぎ着などの身のこなしに、ため息が出るようなダンディズムがあるものです。

2 体形をフォローできるおしゃれ

はじめは初心者でも、臆《おく》さずに着ていればじきに慣れるものなので、男性にも大いにきものに興味を持ってもらいたいものです。何といっても、きものは日本人男性の体形にいちばん似合う衣服です。例えば、洋服の場合はスリムで足が長い人の方が似合いますが、きものの場合はその逆で、どっしりして貫禄のある体のほうが格好よく見え、帯の位置もピシッと決まるのです。

男のきものキーワード

対丈《ついたけ》 15ページ参照

羽織《はおり》 きものの上に重ねる衣服。室町時代の「胴服」がルーツといわれ、江戸時代には女性の着用は禁止されていたので、主に男性の町人や下級武士の礼服として発達した。

袴《はかま》 両足を別々に通して下半身に着用する、活動的な衣服。平安時代までは上衣の内に着ていたが、鎌倉時代ごろから上衣の上に着るようになって現在に至る。

着《き》流《なが》し

いちばん楽な着かたで、カジュアルな外出にはこれで十分。紬・江戸小紋・麻・木綿など、気分とTPOによって着分けたい。

羽織＋きもの

防寒や塵《ちり》よけといった実用だけでなく、ちょっと改まった感じにしたい時やおしゃれにも羽織は便利。色のコーディネイトにセンスが現れる。

紋《もん》付《つき》羽《は》織《おり》袴《はかま》

江戸時代から、町人階級の最上礼装で、結婚式の花婿や親族はこのスタイル。なお羽織が紋付でない場合は、準礼装になる。

コラム　男の主な帯結び

兵《へ》児《こ》帯《おび》
浪人結びより、さらにカジュアル。普通の蝶結びでよいので簡単。

角帯（浪人《ろうにん》結び）
カジュアルな結び方。ちょっと歌舞伎風に凝《こ》りたい時に。

角帯《かくおび》（貝の口）
最も一般的な結び方。先端がピンと立った姿は何とも粋。

粋な美

どんな美?

街《まち》着《ぎ》にもフォーマルにも使えるスタイル

男のきもの

同色同素材の羽織でカジュアルに

街着用のアンサンブル
（図版協力：Kimono/Craft ツチモト）

平成　綿　織り

真綿《まわた》紬のきものに、同色同素材の羽織を合わせて。この組み合わせは普段着にぴったり。

濃淡使いはおしゃれ上級者

横縞の御召のきものと、本漆《うるし》で織り上げた長羽織
（図版協力：YUYA COLLECTION）

平成　絹　織り

御召は男性のフォーマルな装いには最適。羽織ときものを濃淡で合わせておしゃれに。

遊び心あふれる大胆な柄

紬地に市松模様を施したきもの
（図版協力：（株）あけ田）

平成　絹　織り

大きな市松模様が斬新で、洋服感覚で着こなせる。若い人にもおすすめ。

素朴な美

どんな美？

普段に着るのに適した素材

男のきもの

涼やかな素材と色

絣の夏用きもの（文化学園服飾博物館） ？ 麻 織り

麻は体にまとわりつかず、風が抜けるので涼しく、夏のきものに最適。

渋めの色と地模様

地に幾《き》何《か》学《がく》文様が入ったきもの（文化学園服飾博物館） 昭和初期 絹 織り

昭和初期には、外では洋服を着ても、家庭ではきものを着てくつろぐ男性も多かった。

特集

裏地の美学

見えないところに凝《こ》る究極のおしゃれ「裏模様」

特色

足元にちらりとのぞく八掛《はっかけ》の色、襟元にほの見える半襟の模様など、きもののおしゃれは実に細かいところまで気を遣《つか》う奥深いものですが、江戸時代の人々は、そんな私たちも思いもよらないほど、凝《こ》ったおしゃれを楽しんでいました。それは〝人の目につかないところまでこだわる〟という「底至《そこいた》り」の美意識です。

成り立ち

幕府の度重なるぜいたく禁止令により、人々は羽織の裏（79ページ参照）や小物（100ページ参照）など、たまにチラッと見えるところに贅《ぜい》をつくすようになり、それが「粋《いき》」として賞賛されました。小袖の模様もどんどんせばまっていき、江戸後期には褄模《つまも》様《よう》・裾模様《すそもよう》が流行し、しまいには「裏模様」といって表は無地で裏にしか模様のない小袖が登場しました。

浅葱地菊流水文様《あさぎじぎくりゅうすいもんよう》紋付小袖《もんつきこそで》
（青梅きもの博物館）

江戸　絹　染め

一見無地に見えるが、裏地の裾に染めの模様がある。

現代では

明治の後期ごろから、きものは華やかさをとり戻し、現代では華麗なもの地味なもの、どんなきものでも手に入りますが、こういった先人たちの遊び感覚や美意識を知った上で、例えば色無地の裏地の色で遊んでみるなど、自分なりの工夫をしてみるのも、きものの楽しみではないでしょうか。

濃緑《こいみどり》緞《どん》子《す》地《じ》青海《せいがい》波《は》水鳥《みずどり》裏《うら》模様《もよう》縫《ぬい》小袖《こそで》の裏面
（文化学園服飾博物館）

江戸　絹　刺繍

江戸最大の呉服商・三井家に伝わっていた裏模様の小袖。表は地味で無地のように見せているが、裏側の褄から裾にかけて金糸で水鳥と波の模様が丹念に刺繍で表現されている、非常に豪華な一枚。

和装の生地

私たちは、普段からなにげなく「縮緬のきものに塩瀬の帯を合わせて」などと言っていますが、縮緬・塩瀬《しおぜ》とはどのような素材で、他のものとはどう違うのでしょうか。きもの・帯から足袋・鼻緒にいたるまで、和装で一般に使われる生地は、大きく分けると絹・麻・木綿・毛・化繊《かせん》の五種類です。絹の中でも縮緬のようにきもの・帯から帯揚げ・バッグ・鼻緒などあらゆるものの生地になるものもあれば、錦《にしき》のように、ほとんど帯地としてしか使われないものもあります。

ここでは、本書で取り上げなかったものも含めて、現在使われている生地のうちの代表的なものを紹介します。なお、「先染め」とは染めた色糸で模様を織り出すいわゆる〝織り〟の生地で、「後染め」とは白い生地に織ってから友禅染などで模様をつけるいわゆる〝染め〟の生地です。

ウール

用途 きもの・羽織ほか

特徴 厚地の毛織りもの。和服地の場合は、普段着用に単衣《ひとえ》に仕立てる。夏用の「サマーウール」などもある。

風合い 丈夫で皺《しわ》になりにくく、シミも付きづらい。

唐織《からおり》

用途 帯・能装束

特徴 刺繍のように模様が浮き出ている、先染めの織りもの。華麗で重厚感がある。

風合い 厚手で張りがある。

※図版→51頁・霰鱗桐鳳凰文袋帯

塩瀬《しおぜ》

用途 帯・半襟ほか

特徴 平織りの絹織りもので、「塩瀬羽二重《はぶたえ》」ともいう。厚地で表面に横畝が現れる。なお、「塩瀬」は地名ではなく、その語源は不明。

風合い 厚手でパリッとしているが、しなやかなので帯に仕立てると締めやすい。

※図版→49頁・菊模様塩瀬帯

紗《しゃ》

用途 きもの・帯・襦袢ほか

特徴 目の粗《あら》い絹織りもの。二本の経糸が左右に互いに位置をかえ、すき間を作るもじり織の一種。

風合い 薄くて軽く、透けている夏用の生地。

※図版→55頁・紗地薔薇模様帯

繻子《しゅす》

用途 帯・足袋ほか

特徴 経糸《たていと》と緯糸《よこいと》の組織点が一定の間隔をあけて配置される織りもので、素材はさまざま。柔らかく肌ざわりがよいが、経糸または緯糸が長く浮くので摩擦《まさつ》に弱くすり切れやすい。

風合い ビロードのようになめらかで光沢がある。

※図版→56頁・黒繻子地梅窠霰文様繍帯

上布《じょうふ》

用途 きもの・帯ほか

特徴 細く上質な糸で織った麻布で、高級品だが普段着・街着用。先染めの絣と後染めのための白生地と、両方ある。

風合い 薄手で軽く、パリッとした張りがある夏用の生地。通気性がよく、肌ざわりもさわやか。

※図版→43頁・宮古上布

縮《ちぢみ》

用途 きものほか

特徴 強く撚《よ》った糸を使って織ることにより、表面にしぼ（皺）のある織りもの。絹・麻・綿など素材も様々。

風合い 表面に凹凸があるため肌触《ざわ》りがよい、薄手の夏用生地。

※図版→43頁・阿波正藍しじら織

縮緬《ちりめん》

用途 きもの・帯・帯揚げ・帯締め（丸ぐけ）・バッグ・鼻緒ほか

特徴 強撚糸を使うため、表面に細かいしぼ（皺）のある絹織りもの。白生地に織って後染めする場合が多い。しぼが特に細かく高級感のある一越《ひとこし》縮緬や、地紋の浮き出た紋縮緬など、様々な種類がある。
風合い　ふんわりと柔らかく、体に心地よくなじむ。
※図版→31頁・振袖「世紀のロマンス」

綴織《つづれおり》

用途　帯
特徴　絵画のような自由な模様表現ができる織り方。組織は平織だが、緯糸が色の境い目で織り返しつながっていないため、「はつり孔《あな》」といわれるすき間がわずかに生じる。
風合い　堅くしっかりしている。
※図版→53頁・喜鳥文綴名古屋帯

紬《つむぎ》

用途　きもの・帯・鼻緒ほか
特徴　均一な絹織りものにならないくず繭《まゆ》を紡《つむ》いだ、太くて節のある「紬糸」で織るため、表面に凹凸がある。高価だが普段着・街着用の生地で、先染めの絣と後染めのための生成り地と、両方ある。
風合い　ざっくりした素朴さと、渋い光沢が魅力。軽くて張りがあり、温かい。
※図版→42頁・大島紬

緞子《どんす》

用途　帯
特徴　繻子織りの組織で織る、模様のはっきりした絹織りもの。先染めの場合が多いが、後染め用の白生地も作られている。
風合い　光沢があり、手ざわりが柔らかい。
※図版→52頁・茶緞子地吉祥文様帯

錦《にしき》

用途　帯・和装用バッグ・鼻緒ほか
特徴　複数の色糸を使って模様を表した、先染めの紋織りものの総称。唐織・金襴・緞子などはみな錦の一種といえる。なお、二色以上使っていても、縞・格子や素朴な絣柄は錦とはいわない。
風合い　厚地で張りがあるものが多い。
※図版→52頁・天平鏡華錦袋帯

芭蕉布《ばしょうふ》

用途　きもの・帯ほか
特徴　糸芭蕉の繊維《せんい》を裂《さ》き、手で結んだ糸で作る沖縄産の夏生地。先染めの絣が多いが、後染めにする生成り地も作られている。
風合い　強い張りがあり、通気性にすぐれるので涼しい。※図版→55頁・芭蕉布帯

羽二重《はぶたえ》

用途　きもの・帯・半襟ほか
特徴　緻密で上質な絹織りもの。なめらかな平織の白生地で、留袖《とめそで》の比翼《ひよく》（縫い付けてある下着）などに用いられる。
風合い　しっとりと柔らかく光沢があり、体によくなじむ。

ポリエステル

用途　きもの・襦袢・帯揚げ・足袋ほか
特徴　化学繊維なので普段着用だが、自分で洗えてシミになりにくい上に丈夫なので、気軽に着られる。なお、化繊は他にレーヨン・キュプラなども使われる。
風合い　軽くて張りがあるが、通気性・吸湿性はほとんどない。

木綿《もめん》

用途　きもの・浴衣・帯・襦袢・足袋ほか
特徴　綿花の繊維を紡いだ糸で織る、普段着用の生地。先染めの絣と後染めのための白生地と、両方ある。
風合い　通気性・吸湿性にすぐれ、肌ざわりがよい。　※図版→43頁・久留米絣

羅《ら》

用途　帯・夏用コートほか
特徴　経糸を左右の経糸にからませて作る、網目状のすき間が多いもじり織の一種で、薄く透けている夏用の絹織りもの。先染めの場合が多い。
風合い　通気性が抜群で、しわになりにくい。

綸子《りんず》

用途　きもの・襦袢・帯揚げほか
特徴　地紋を織り出した絹織りもので、絹の輝きがまばゆい後染め用の白生地。
風合い　表面全体にしぼ（皺）のある縮緬よりも薄手で、手ざわりも柔らかくなめらか。※図版→37頁・四季草花模様付下げ小紋

絽《ろ》

用途　きもの・帯・襦袢・半襟・帯揚げほか
特徴　薄い夏用の生地。紗と平織を組合わせたすき間のあるもじり織の一種で、先染めの絣と後染めのための白生地と、両方ある。素材は絹・綿などさまざまで、絽《ろ》縮緬・絽綴など織り方の種類も多い。
風合い　紗・羅ほど透けないが、薄くて軽い最も代表的な夏生地。
※図版→77頁・絽地薄模様夏羽織

◆季節のＴＰＯ◆

和装には、意匠だけでなく素材にも季節ごとのＴＰＯがあるので、代表的なものを紹介します。ただし、あまり決まりにしばられると着るのがおっくうになってしまうので、とりあえずの目安と考え、暑さ・寒さに合わせて調整して下さい。

	きもの	帯	半襟	羽織　コート
春	袷 縮緬・綸子・紬・木綿（単衣）・銘仙・御召	縮緬・塩瀬・綸子・錦織・紬・繻子	塩瀬・綸子	縮緬・綸子・紬・御召・レース
夏	単衣 六月　絽・紬（夏用） 七月・八月　絽・紗・麻（上布）・縮・紬（夏用）・浴衣	六月　絽・紗・麻・博多 七月・八月　絽・紗・麻（上布）・羅・芭蕉布	六月　絽 七月・八月　絽・紗・麻	コート：絽・紗・麻・レース 羽織：絽・紗・羅・麻・レース
秋	単衣 九月　絽・紬・縮緬 袷 十月・十一月　縮緬・綸子・紬・木綿（単衣）・銘仙・御召	九月　絽・紗・麻・紬・博多 十月・十一月　縮緬・塩瀬・綸子・錦織・紬・繻子	九月　絽・塩瀬 十月・十一月　塩瀬・綸子	九月　絽・紗・レース 十月・十一月　縮緬・綸子・紬・御召
冬	袷 縮緬・綸子・紬・木綿（単衣）・銘仙・御召	縮緬・綸子・錦織・紬	塩瀬・綸子・縮緬	コート：縮緬・綸子・絞り・紬・御召 羽織：縮緬・綸子・紬・ビロード・ウール

襦袢			帯揚げ	帯締め	帯留	足袋	はきもの
肌襦袢	長襦袢	裾よけ					
木綿	綸子・縮緬・絞り・ポリエステル	綸子・ポリエステル	縮緬・綸子・絞り	どれも通年使えるが、夏用に透かしてある組紐もある。細いものも夏向き。	意匠によって通年使えるものと一定の時期しか使えないものがある。	木綿・ポリエステル	ぞうり（革・絹・畳表） 下駄
木綿・麻	絽・紗・麻	絽・紗・麻・縮	絽・紗			木綿・麻	ぞうり（革・布・パナマ） 下駄
木綿	九月　絽・紗・麻 十月・十一月　綸子・縮緬・絞り・ポリエステル	九月　絽 十月・十一月　綸子・ポリエステル	九月　絽 十月・十一月　縮緬・綸子・絞り			九月　木綿・麻 十月・十一月　木綿・ポリエステル	九月　ぞうり（革・布）下駄 十月・十一月　ぞうり（革・絹・畳表）・下駄
木綿	縮緬・羽二重・綸子・ポリエステル	縮緬・羽二重・綸子・ポリエステル	縮緬・綸子・絞り			木綿（ネル裏）・別珍	ぞうり（革・絹・畳表） 下駄

※髪飾りとバッグ・袋物の場合、季節のコーディネイトは自由に楽しみたいものなので、ここでは取り上げません。

きもの・帯の部分名称

きものと帯の各部には、細かい部分まで名前が付けられています。すべてを完璧に覚える必要はないのですが、例えばきものの裄《ゆき》・身丈《みたけ》・衽《おくみ》・身八《みや》つ口《ぐち》や帯のお太鼓《たいこ》・たれ・て先などは、着るときや買うときに知っておくと便利な言葉です。

きもの・前

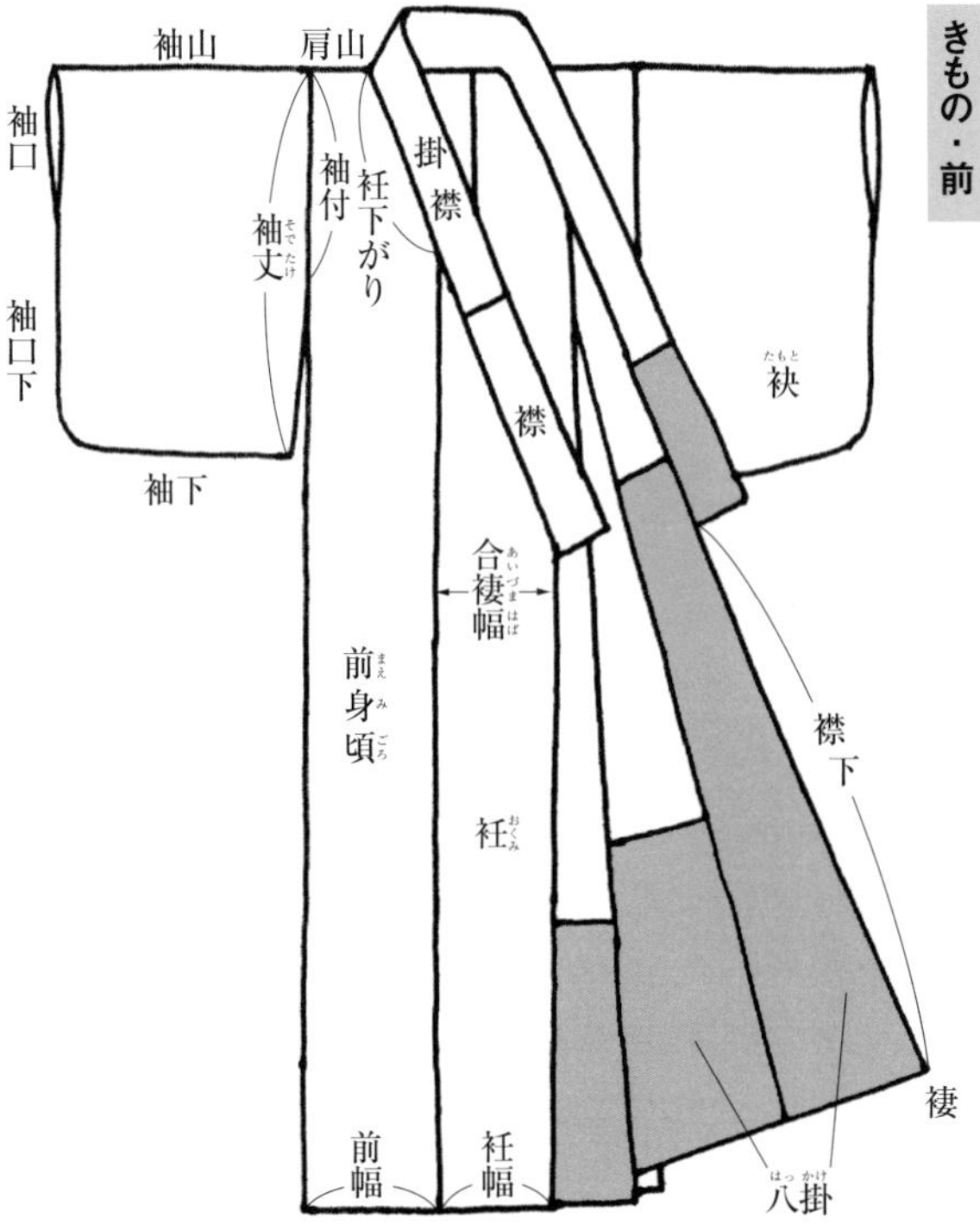

きもの・後ろ

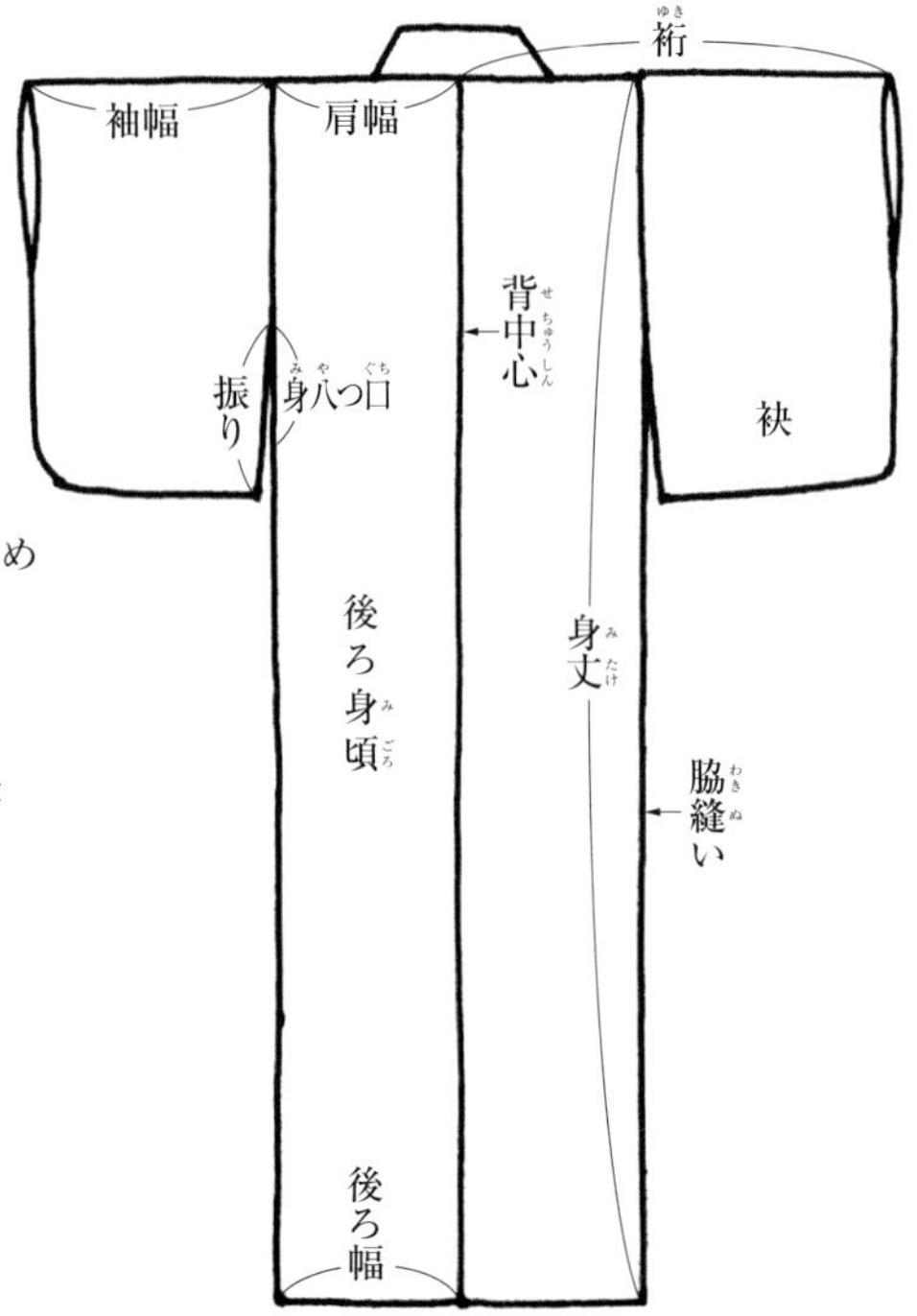

帯

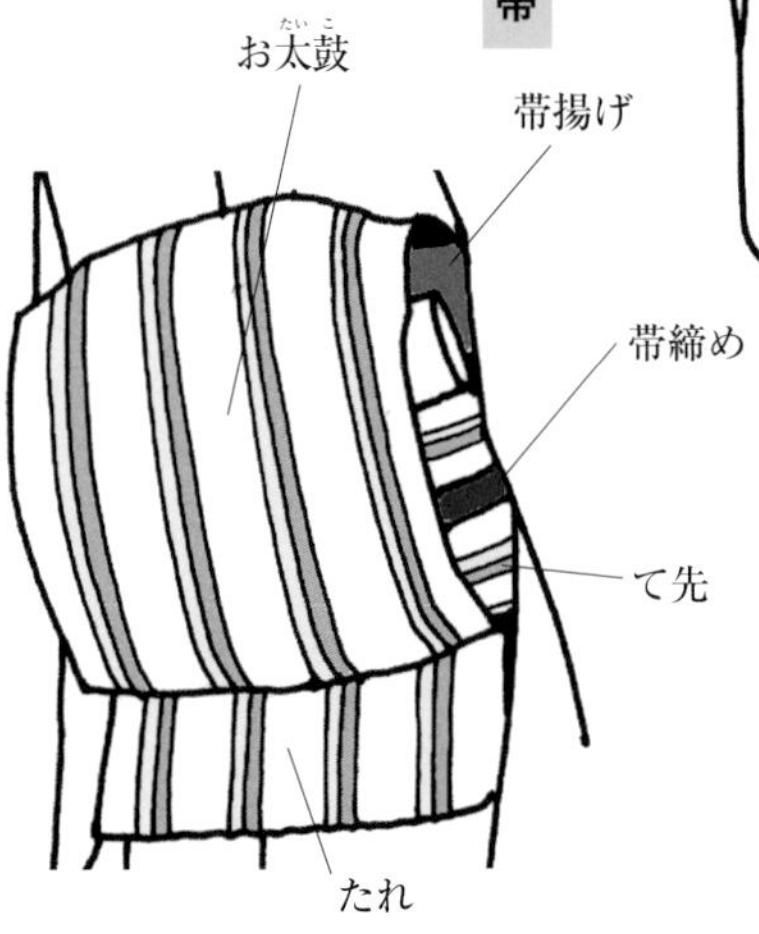

紋のQ&A

◆紋とは何？

家族や一族で共有する、図案化された印のこと。家紋ともいいます。きものの場合、紋を付けることで格が上がり、礼装や準礼装になります。

◆紋の歴史は？

〈平安時代〉公家が、混雑時の牛車を区別するため、あるいは衣服や調度《ちょうど》の持ち主がわかるよう好みの文様をつけました。それが家族や子孫にも受け継がれ、その家を示すものとなっていきました。

〈鎌倉時代〉武家が、敵味方を区別するため、旗印《はたじるし》に個人や家、集団を表わす紋章をつけました。

〈室町時代〉乱世により、武家が同じ一族の間で敵味方になるなど分裂し、紋の種類が増えました。また、公家と武家の紋が互いに影響し合いました。

〈江戸時代〉庶民も、武家を真似て衣服などに好みの紋をつけるようになりました。また、紋の図案化が完成しました。

〈明治時代〉平民に苗字《みょうじ》が許され、どの家も紋をもつようになりました。

〈現代〉時代の流れとともに家紋を知る機会が少なくなりました。貸衣装などの普及もあり、自分の家の紋を問われても、わからない人も多くなっています。

◆紋の図案は、どのようなものが多い？

モチーフとして、雲や水などの自然物、梅や笹などの植物、鳥・蝶などの動物、矢・扇などの道具類、菱形や円などの幾何学《きかがく》文様などが図案化され、単独で使われたり組み合わされたりしています。

また、梅をデザイン化したものだけでも九十種類以上あるなど、非常にバラエティ豊かです。

◆きものに関する紋の数と位置は？

最も格が高いのは背中心《せちゅうしん》・左右の後ろ袖・左右の胸に紋が入る五つ紋で、主に黒留袖や男性の黒羽織といった最上礼装に用いられます。

次に格が高いのは三つ紋で、背中心・左右の後ろ袖に紋が入ります。主に色留袖に用いられます。

背中心だけの一つ紋だと、訪問着や色無地、江戸小紋に用いられる略礼装になります。

なお、振袖は紋がなくても礼装となります。

◆表現の違いによる紋の格とは？

技法による分類として、染め紋と繍《ぬ》い紋があります。正式なのは染め紋で、中でも白く抜く「染め抜き紋」が最上とされます。繍い紋は、より略式です。

また、形式の違いとして日向紋・中陰紋・陰紋の三種類があります。図柄を白い面で表現する日向紋が最も格が高く、太い白線で図柄の輪郭を表わす中陰紋、細い白線で輪郭を表わす陰紋の順に続きます。

◆加賀紋《かがもん》とは何か？

家紋をアレンジしたり、あるいは家紋に関係なくつけるしゃれ紋のことで、きものの模様に近い感覚で楽しむものです。染めと繍いがありますが、どちらも大きさや色使いが自由なので、カラフルなものや好きな花々など、着る人の好みに応じて決められます（78ページ右下図参照）。

◆その他に、どんな紋が？

実家の家紋と、花鳥など女性向きの優雅な図柄の紋と二つの意味がある「女紋」、自分の紋と恋人の紋など、二つの紋を組合わせる「比《ひ》翼紋《よくもん》」など、多くの種類があります。

用語解説

【あ】

アール・デコ●芸術様式のひとつ。一九二五年にパリで開催された国際装飾美術展のアール・デコラテイフを略して派生した言葉。簡素で機能的な当時のスタイルを、直線的なデザインで表現している。

アール・ヌーヴォー●アールは「芸術」、ヌーヴォーは「新しい」という意味。一八九〇年ころから一九〇五年くらいまでに、フランス、ベルギー、ドイツ、オーストリアとその周辺の国々で隆盛となった芸術様式。工芸、建築など、現代芸術の扉を開いた。

袷［あわせ］●きものの仕立て方の名称。裏布を付けない単衣《ひとえ》仕立てに対する、裏布を付けて縫い合わせたきもののこと。一般的には袷と言えば長着《ながぎ》のことだが、羽織や長襦袢にも用いられている。

色無地［いろむじ］●黒以外の色の、一色で染めたきもの。紋綸子《もんりんず》のように、地紋《じもん》のある生地を用いることが多い。色無地のきものに紋を付け、慶弔《けいちょう》両用の準礼装や略礼装として使われる。黒一色のものは黒無地といい、染め抜きの五つ紋を付けると正装の喪服となる。

打掛［うちかけ］●女性の礼服のひとつ。武家時代の婦人の礼装で、小袖《こそで》を着て帯を締めた上から打ち掛けて着たのでこの名になった。現代では、花嫁の式服として用いられ、織りや染め、刺繍などで吉《きっ》祥文様《しょうもんよう》を表した豪華絢爛なものを色打掛という。白無垢《しろむく》に用いられるのは白打掛と呼ぶ。↓14ページ

江戸小紋［えどこもん］
↓32ページ

絵羽模様［えばもよう］●高級なきものの模様付けの一種で、きもの全体に模様を絵画のように描いたもの。白生地の状態で裁断して仮縫いしたものに下絵を施す。下絵を描いた後、仮縫いをほどき、染め加工、刺繍などで加工し、再度仮縫いをして完成する。振袖、留袖、訪問着などに見られ、ほとんど盛装用であるため、豪華で格調高く、品位がある模様であることが条件である。

大袖［おおそで］●袖下を縫い詰めないで、袖口を広く仕立てた袖。袖付から袖口にカーブした、大きく開いた袖。

御高祖頭巾［おこそずきん］●女性が顔を隠したり、塵《ちり》よけ、防寒用に用いた頭巾。高祖日蓮聖人《にちれんしょうにん》の像の頭巾と似ているところからこの名がある。

お太鼓柄［おたいこがら］●帯の模様付けのひとつ。背のお太鼓の部分と、前胴の二巻きめの部分だけに模様を付けたもの。全通柄、六通柄に対するもので、名古屋帯（特に染めのもの）が一般的。

おはしょり●きものの部分の名称。身丈より長い部分を胴のところでたくしあげ、紐で締めて着たときの、そのたくしあげた部分のこと。
↓15ページ

御召［おめし］●糸を精練し、先染めして織り上げた高級な着尺《きじゃく》。徳川十一代将軍家斉《いえなり》が好んで召したのでこの名があるといわれる。
↓12・81ページ

【か】

絣［かすり］●染まった部分と、かすれたようになった部分で模様を現す方法、またはその織りもの。部分的に染め分けた糸を経糸《たていと》か緯《よこ》糸《いと》に、またはその両方に用いて織ったものなどがある。↓43ページ

帷子［かたびら］●麻の単衣きもの。古くは麻とは限らず単衣仕立ての衣を意味した。江戸時代にな

って麻の裏なしの小袖のこととなり、絹の裏なしは単衣といって区別していた。

鹿の子絞り［かのこしぼり］●絞り染めの一技法。くくり絞りの一種で、染め上げた後でくくり糸をほどくと、鹿の斑点のように白い模様が出て、中心部が盛り上がるのでこの名がある。全体を絞りで埋めたものは総鹿の子または総絞りと呼び、最高級品である。

唐織［からおり］↓126ページ

吉祥文様［きっしょうもんよう］●模様の名称。吉祥とはめでたいこと、よいしるしを意味する語で、縁起がよく、幸福のしるしとして用いられる。鳳凰《ほうおう》、鶴、亀、松、竹、梅、牡丹、瑞雲《ずいうん》、扇、宝船など数多くある。↓50ページ

キュプラ●化学繊維のひとつ。コットンリンター（綿花を採った後、綿実に残る短い繊維）を主な成分にし、銅アンモニア法によって再生した繊維。光沢や感触は絹に似ていて、美しく染め上がる。しわや縮《ちぢ》みが少なく、絹よりかなり安価なので、広く利用されている。↓117ページ

組紐［くみひも］●数十本の糸をひと束とし、それを斜めに交差させながら組んでいき、紐状にしたもの。形状では平組、丸組、角組があり、束の数では三つ組、四つ組、八つ組などがある。帯締め、羽織紐によく用いられる。↓93ページ

こうがい●女性の髪飾り。元々は男女が頭髪をかき上げるのに用いた。↓61ページ

腰巻［こしまき］●室町時代から江戸時代にかけての、武家の女性の夏の礼装。涼をとるため、打掛の上半身をはずし、腰に巻いて着たものが形式化した。また、腰から脚にかけて巻き付ける裾よけ、蹴出《けだ》しの総称でもある。

御所解模様［ごしょどきもよう］●江戸中期から後期、宮中や公家の周辺にあるものを題材にして武家女性が小袖や打掛に用いた模様。友禅染や刺繍で、御殿、御所車、冠などに四季の植物や山水などを配した。

小袖［こそで］↓14ページ

こはぜ●足袋や脚絆《きゃはん》などの合わせ目を留めるための、長円形を半分に切った形の留め具。↓102ページ

小紋［こもん］●型染によって染色した小さな模様、またはその模様のきもののこと。江戸前期には男性の裃《かみしも》、小袖、羽織、下着などに用いられた。江戸中期からは町人の女性の小袖にも多用されるようになった。

【さ】

更紗［さらさ］●室町時代末期、南蛮《なんばん》船でインド、タイ、インドネシア、イランなどから渡来した模様染めの木綿布。江戸中期以降、日本でもこれを真似て作られ、和更紗と呼ばれている。

塩瀬［しおぜ］●塩瀬羽二重の略。厚地の絹織りもので、新潟県の五《ご》泉《せん》地方が代表的な産地。主に帯地に使われるが、半襟、袱紗《ふくさ》、羽織にも用いられる。↓126ページ

しごき●しごき帯の略。ひと幅の布を並幅のまま縫わないで、しごいて締めることからこの名がある。江戸時代には抱え帯といい、おはしょりを止めるために使った。明治以降、腰紐が使われるようになり、しごきは装飾用となった。現在では花嫁衣装や、七五三の女児のきものに用いる。材質は縮緬や綸子が主で、紅、緋、ピンク、黄色などがある。

紙布［しふ］●紙を細くテープ状にして、撚《よ》りをかけて糸にしたものを織った紙の織りもの。経緯《たてよこ》とも紙糸で織ったもの、経糸に絹糸、綿糸を用い、緯糸に紙糸を用いるものなどがある。↓57ページ

絞り［しぼり］●布の一部をつま

んで糸でくくったり、縫い締めたり、巻き締めたりして防染し、模様を染め出したもの。染めの技法としては原始的なもので、世界各地で行われている。

紗［しゃ］→126ページ

繻子［しゅす］→126ページ

上布［じょうふ］→43ページ

裾模様［すそもよう］●総模様に対する語で、裾の部分だけに模様を付けたもの。現在、裾模様に染抜きの五つ紋を付けて、既婚女性の第一礼装として用いる。

全通柄［ぜんつうがら］●帯の表側全体に柄があり、裏側は無地の帯。

束髪［そくはつ］●髪を束ねて結うこと、またはその髪型の総称。鹿鳴館の洋装の貴婦人の髪型がはじまりで、洋装、和装いずれにもマッチし、手軽に結うことができるので、明治後期から大正時代にかけて広くいきわたった。

【た】

縮［ちぢみ］●縮織りの略。→43ページ

昼夜帯［ちゅうやおび］●表と裏に別布を用いて縫い合わせた、女性用の帯。最初は黒繻子に白裏を合わせたことから鯨帯と呼ばれ、白を昼、黒を夜にたとえてこの名がある。→56ページ

縮緬［ちりめん］→126ページ

対丈［ついたけ］●きもののできあがりの身丈が、おはしょりや腰揚げもせずに着て着丈と同じになるように仕立てること。男物きものや長襦袢などに見られる。→15ページ

付下げ［つけさげ］●きものの模様配置の方法、およびその模様を付けたきもののこと。きものを着たとき、袖、身頃、襟などの模様がすべて上向きになるように染められている。

辻が花染［つじがはなぞめ］●室町時代に現れ、桃山時代末期には消えてしまった絞り染め。絞り染めに花模様などを手描きや刺繍で表した、気品のある模様である。

綴織［つづれおり］→127ページ

褄模様［つまもよう］●きものの模様配置のひとつで、主に褄の部分に配された模様のこと。江戸城の御殿女中から広まったとされる江戸褄と、京都島原の遊女が広めたという島原褄がある。

紬［つむぎ］●絹織りものの一種。→42ページ

て先［てさき］●帯の部分名称。お太鼓に結んだときの、垂れに対する反対側の帯端。

緞子［どんす］●絹織りものの一種で、先染めした糸を用い、繻子地にその裏繻子組織で模様を表したもの。→127ページ

【な】

長襦袢［ながじゅばん］●きものと肌襦袢の間に着る、対丈の和装下着。半襟を掛け、きもの姿を整える役目をする。→84ページ

名古屋帯［なごやおび］●胴の部分が半幅で、結びの部分が並幅に仕立てられた女帯。大正時代に名古屋で考案されたのでこの名がある。→46ページ

錦［にしき］●複数の色糸を使って模様を織り表した紋織りものの総称。→127ページ

繍箔（縫箔）［ぬいはく］●生地の装飾技法。刺繍と摺箔《すりはく》の技法を組み合わせた、豪華に模様を表したもの。桃山時代の小袖や、能装束に素晴らしいものがある。現代では振袖、留袖に使われている。→30ページ

【は】

羽織［はおり］●きものの上に着る、丈の短い衣服。身丈は流行によって変わり、胸元で紐を結ぶ。襟は通常、外に折り返す。→120ページ

袴［はかま］● 腰から脚までを

ゆったりおおう衣。古墳時代の埴《はに》輪《わ》にも見られる。↓120ページ

肌襦袢［はだじゅばん］●長襦袢の下に、肌に直に着る和装下着。きものから見えないように着るので、襟幅、袖幅は狭い。↓84ページ

八掛［はっかけ］●袷のきものの裾や袖口に付ける裏のことで、裾回しともいう。はじめは、衽、前身頃、後身頃、襟先に左右二枚ずつ合計八枚に裁ったところからこの名がある。後に袖口も加わった。

羽二重［はぶたえ］●絹織りものの一種↓127ページ

半幅帯［はんはばおび］●女帯のひとつで、並幅の半分の幅のもの。明治時代から用いられ、浴衣や子どものきものに締める。↓47ページ

単衣［ひとえ］●裏地を付けずに仕立てた衣類の総称で、袷に対する語。

紅型［びんがた］●沖縄で生産される、多彩で華麗な型染。生地は縮緬、綸子、紬などの絹織りものの他に、綿布、麻布、芭蕉布などもある。模様には中国の影響も見られるが、日本の友禅と似た模様も多い。↓13ページ

袋帯［ふくろおび］↓46ページ

振袖［ふりそで］●未婚の女性が着る、袖丈の長い礼装用のきもの。袖の長さによって、大振袖、中振袖、小振袖がある。

べっ甲［べっこう］●ウミガメの一種、タイマイの甲羅《こうら》から作られたもの。古くから髪飾りや櫛、こうがいの材料として使われてきた。

訪問着［ほうもんぎ］●胸、肩、袖、襟などに模様を染めたきもの。古典模様から現代的な抽象模様のものまで各種ある。一つ紋を付けて準礼装としても用いる。生地は縮緬や、夏には絽が使われる。

【ま】

蒔絵［まきえ］●漆を塗った上に、金銀粉や色粉などを蒔き付けて模様を表した工芸品。

丸帯［まるおび］●一枚の広幅の帯地を二つに折り合わせた帯。帯地を一幅丸ごと使ったので丸帯という。帯幅が広くなった江戸時代から用いられたが、重くて締めにくいので、現在では花嫁衣装などの礼装に限られる。↓46ページ

丸ぐけ［まるぐけ］●綿を入れて、丸い棒のように仕上げた紐のこと。↓92ページ

耳かくし［みみかくし］●女性の洋式束髪のひとつ。びんの毛で耳を隠すようにウエーブをつけたスタイルで、大正後期から昭和初期まで流行した。↓61ページ

銘仙［めいせん］●江戸末期、関東地方の養蚕《ようさん》地帯で、くず糸などを使って自家用に織った絹織りもの。丈夫で安価なので、戦前までは女性のきものの中心となった。伊勢崎銘仙の絣柄が有名。↓35ページ

木綿［もめん］●綿繊維のこと。吸湿性に優れ、水分を含むと丈夫になり熱にも強い。英語ではコットンという。

【ら】

羅［ら］●絹織りもの。↓127ページ

綸子［りんず］●染め生地に用いる、絹の紋織りもの。↓127ページ

絽［ろ］●夏用の絹織りもの。↓127ページ

六通柄［ろくつうがら］●帯全体の六割（締めると見える部分）に柄を入れ、あとは無地の帯。

きものの美術館・博物館

髪飾りからはきものまでその美を堪能

東北福祉大学芹沢銈介美術工芸館
〒983-8511　宮城県仙台市宮城野区榴岡2丁目5-26　東北福祉大学仙台駅東口キャンパス2階
Tel　022-717-3318　https://www.tfu.ac.jp/kogeikan

国立歴史民俗博物館
〒285-8502　千葉県佐倉市城内町117番地
Tel　043-486-0123　https://www.rekihaku.ac.jp

遠山記念館
〒350-0128　埼玉県比企郡川島町白井沼675
Tel　049-297-0007　https://www.e-kinenkan.com

文化学園服飾博物館
〒151-8529　東京都渋谷区代々木3-22-7　新宿文化クイントビル1階
Tel　03-3299-2387　https://museum.bunka.ac.jp

杉野学園衣裳博物館
〒141-8652　東京都品川区上大崎4-6-19
Tel　03-6910-4413　https://www.costumemuseum.jp

共立女子大学博物館
〒101-0003　東京都千代田区一ツ橋2-6-1　共立女子学園2号館地下1階
Tel　03-3237-2665　https://www.kyoritsu-wu.ac.jp/muse

東京国立博物館
〒110-8712　東京都台東区上野公園13-9
Tel　03-3822-1111　https://www.tnm.jp

日本民藝館
〒153-0041　東京都目黒区駒場4-3-33
Tel　03-3467-4527　http://www.mingeikan.or.jp

つまみかんざし博物館
〒169-0075　東京都新宿区高田馬場4-23-28　ヒルズISHIDA401
Tel　03-3361-3083　http://www.ask.ne.jp/~kanzasi　※水・土曜日のみ開館

青梅きもの博物館
〒198-0063　東京都青梅市梅郷4-629
Tel　0428-76-2019　http://www.omekimono.jp　※12月～2月は休館

澤乃井櫛かんざし美術館
〒198-0064　東京都青梅市柚木町3-764-1
Tel 0428-77-7051　http://kushikanzashi.jp

女子美術大学美術館
〒252-8538　神奈川県相模原市南区麻溝台1900　女子美術大学 相模原キャンパス
Tel 042-778-6801　http://www.joshibi.net/museum

シルク博物館
〒231-0023　神奈川県横浜市中区山下町１番地　シルクセンター2階
Tel 045-641-0841　http://www.silkcenter-kbkk.jp/museum

東京国立近代美術館工芸館（国立工芸館）
〒920-0963　石川県金沢市出羽町3-2
Tel 050-5541-8600（ハローダイヤル）　※2020年夏開館予定

静岡市立芹沢銈介美術館
〒422-8033　静岡県静岡市駿河区登呂5-10-5
Tel 054-282-5522　https://www.seribi.jp

須坂クラシック美術館
〒382-0087　長野県須坂市大字須坂371番地6
Tel 026-246-6474　http://www.culture-suzaka.or.jp/classic

田中本家博物館
〒382-0085　長野県須坂市穀町476
Tel 026-248-8008　http://www.tanakahonke.org

徳川美術館
〒461-0023　愛知県名古屋市東区徳川町1017
Tel 052-935-6262　https://www.tokugawa-art-museum.jp

京都国立博物館
〒605-0931　京都府京都市東山区茶屋町527
Tel 075-541-1151　https://www.kyohaku.go.jp/jp

京都文化博物館
〒604-8183　京都府京都市中京区三条高倉
Tel 075-222-0888　http://www.bunpaku.or.jp

奈良県立美術館
〒630-8213　奈良県奈良市登大路町10-6
Tel 0742-23-3968　http://www.pref.nara.jp/dd.aspx?menuid=11842

藤田美術館
〒534-0026　大阪府大阪市都島区網島町10-32
Tel　06-6351-0582　http://fujita-museum.or.jp　※2022年4月まで休館

神戸市立博物館
〒650-0034　兵庫県神戸市中央区京町24番地
Tel　078-391-0035　https://www.kobecitymuseum.jp

林原美術館
〒700-0823　岡山県岡山市北区丸の内2-7-15
Tel　086-223-1733　http://www.hayashibara-museumofart.jp

アジア博物館・井上靖記念館
〒683-0101　鳥取県米子市大篠津町57
Tel　0859-25-1251

福山市松永はきもの資料館
〒729-0104　広島県福山市松永町4-16-27
Tel　084-934-6644　https://www.city.fukuyama.hiroshima.jp/soshiki/matsunaga-hakimono

福岡市博物館
〒814-0001　福岡県福岡市早良区百道浜３丁目1-1
Tel　092-845-5011　http://museum.city.fukuoka.jp

沖縄県立博物館・美術館
〒900-0006　沖縄県那覇市おもろまち3-1-1
Tel　098-941-8200　https://okimu.jp

◆

きものを描いた浮世絵やポスターと出会う　関連の美術館・博物館

茨城県近代美術館
〒310-0851　茨城県水戸市千波町東久保666-1
Tel　029-243-5111　http://www.modernart.museum.ibk.ed.jp

千葉市美術館
〒260-0013　千葉県千葉市中央区中央3-10-8
Tel　043-221-2311　http://www.ccma-net.jp　※2020年7月まで休館中

アド・ミュージアム東京
〒105-7090　東京都港区東新橋1-8-2　カレッタ汐留
Tel　03-6218-2500　https://www.admt.jp

印刷博物館
〒112-8531　東京都文京区水道1-3-3　トッパン小石川ビル
Tel　03-5840-2300　https://www.printing-museum.org　※2020年6月まで休館中

太田記念美術館
〒150-0001　東京都渋谷区神宮前1-10-10
Tel　03-3403-0880　http://www.ukiyoe-ota-muse.jp

静嘉堂文庫美術館
〒157-0076　東京都世田谷区岡本2-23-1
Tel　03-3700-2250　http://www.seikado.or.jp

竹久夢二美術館
〒113-0032　東京都文京区弥生2-4-2
Tel　03-5689-0462　http://www.yayoi-yumeji-museum.jp

東京国立近代美術館（本館）
〒102-8322　東京都千代田区北の丸公園3-1
Tel　03-5777-8600（ハローダイヤル）　https://www.momat.go.jp

たばこと塩の博物館
〒130-0003　東京都墨田区横川1-16-3
Tel　03-3622-8801　https://www.jti.co.jp/Culture/museum/info/index.html

神奈川県立歴史博物館
〒231-0006　神奈川県横浜市中区南仲通5-60
Tel　045-201-0926　http://ch.kanagawa-museum.jp

京都国立近代美術館
〒606-8344　京都府京都市左京区岡崎円勝寺町26-1
Tel　075-761-4111　https://www.momak.go.jp

大和文華館
〒631-0034　奈良県奈良市学園南1-11-6
Tel　0742-45-0544　https://www.kintetsu-g-hd.co.jp/culture/yamato

鹿児島市立美術館
〒892-0853　鹿児島県鹿児島市城山町4-36
Tel　099-224-3400　https://www.city.kagoshima.lg.jp/artmuseum

※136〜139ページ掲載の美術館・博物館は休館の場合もありますので、ご来館の際は直接お問い合わせ下さい。

この本で紹介した

きもの、帯、小物を扱う店・メーカー

鈴乃屋本店
〒110-8537　東京都台東区上野1-20-11
Tel　03-3833-1001　https://www.suzunoya.com/honten

道明
〒110-0005　東京都台東区上野2-11-1
Tel　03-3831-3773　https://www.kdomyo.com

龍村美術織物
〒615-0022　京都府京都市右京区西院平町25　ライフプラザ西大路四条2階
Tel　075-325-5580　https://www.tatsumura.co.jp

紫織庵
〒602-8482　京都市上京区浄福寺通上立売上る大黒町709番地
Tel　075-241-0215　http://www.shiorian.com

銀座くのや
〒104-0042　東京都中央区入船3-9-4　松本ビル2階
Tel　03-3571-2546　https://www.ginza-kunoya.jp　※オンラインのみ

むさしや足袋店
〒104-0061　東京都中央区銀座2-13-12
Tel　03-3541-7718

伊勢由　銀座本店
〒104-0061　東京都中央区銀座8-8-19
Tel　03-3571-5388　https://www.ginza-iseyoshi.co.jp

銀座　むら田
〒104-0061　東京都中央区銀座6-7-7
Tel　03-3571-2077　http://www.ginzamurata.co.jp

ぜん屋　銀座本店
〒104-0061　東京都中央区銀座8-8-1
Tel　03-3571-3468　https://ginza-zenya.jp

京ごふく　ゑり善　銀座店
〒104-0061　東京都中央区銀座5-6-7
Tel　03-3571-5298　https://www.erizen.co.jp/

銀座　やまと屋
〒104-0061　東京都中央区銀座5-8-17
Tel　03-3571-4081

銀座　平野屋
〒104-0061　東京都中央区銀座6-4-5 玉泉堂土屋ビル5階
Tel　03-3571-4410　http://www.ginzahiranoya.jp

大野屋總本店
〒104-0041　東京都中央区新富2-2-1
Tel　03-3551-0896　https://www.oonoyasohonten.jp

加藤萬　本店
〒103-0006　東京都中央区日本橋富沢町8-7
Tel　03-3661-7747　http://www.katouman.co.jp

加藤萬　京都支店
〒604-0856　京都府京都市中京区両替町通二条上ル北小路町
Tel　075-241-3278

竺仙
〒103-0024　東京都中央区日本橋小舟町2-3
Tel　03-5202-0991　http://www.chikusen.co.jp

撫松庵　伊勢丹新宿店
〒160-0022　東京都新宿区新宿3-14-1　本館7階
Tel　03-3352-1111(代表)　https://www.bushoan.co.jp

Reきものスタイル　大丸東京店
〒100-0005　東京都千代田区丸の内1-9-1　大丸東京店10階
Tel　03-6895-2609　https://www.bushoan.co.jp/rekimono

Reきものスタイル　大丸京都店
〒600-8511　京都府京都市下京区四条通高倉西入立売西町79番地
Tel　075-241-6828　https://www.bushoan.co.jp/rekimono

時代布と時代衣裳　池田
〒108-0071　東京都港区白金台5-22-11-101　ソフトタウン白金
Tel　03-3445-1269　https://ikeda-kimono.com

◆以下はメーカー

撫松庵/新装大橋
〒103-0014　東京都中央区日本橋蛎殻町1-18-11
Tel　03-3661-0841　http://www.bushoan.co.jp

山口織物
〒602-8216　京都府京都市上京区竪門前町414　西陣産業会館
Tel　075-417-1147

※136〜141ページのリストはスペースの都合上、一部の掲載になっております。
また情報は2020年3月現在のものです。変更になる場合もありますので、合わせてご了承ください。

きもの回帰

道明三保子

東京、上野の不忍池《しのばずのいけ》は、真夏の八月になると、一面に広がる蓮の大きな葉の合間に、すっと伸びる薄紅色の蓮の花が清々しい光景を見せます。この不忍池の通りから一筋、広小路《ひろこうじ》によった通りが、江戸の頃からの老舗《しにせ》が並ぶ池之端《いけのはた》仲町通りで、昔は江戸土産《えどみやげ》を求める参勤交代の武士たちでにぎわったということです。

今はネオンまたたく歓楽街となったこの界隈《かいわい》は、私の婚家先である組紐の「道明《どうみょう》」の店とともに櫛の「十三や」、草履の「長谷川」、薬の「守田宝丹《もりたほうたん》」、江戸指物《さしもの》の「京屋」など由緒ありげなつつましやかな店構えの老舗が点々としており、きもの姿の女性たちが訪れることを楽しみにしている街です。

法隆寺、正倉院、厳島《いつくしま》神社などの歴史的な組紐を帯締めに生かした老舗「道明」の店先で、小さな箱に並べられた彩り豊かな帯締めの数々をはじめて見た時は、なんと美しい世界かと感激したものでした。

夕刻になると上野の山を下って池之端界隈に現れる東京国立博物館や東京芸術大学の先生方と「道明」の代々の交流は貴重なもので、珍しい紐、美しい紐があると調査の機会を与えていただいたそうです。

◎

高度成長期の頃は、きものの世界も繁栄していた時代で、店にたずさわる人も増え、組紐志願の人たちも多く現れました。私自身、若かった頃はきものに親しみ、道明の帯締めを締めることを誇りにしていましたが、組紐からは離れた立場でしたので、かえって外の広い世界に目を向けることができました。

しかし、美術史の研究者で西洋を専門としていても、年とともに日本や東洋の美術に強く心魅かれるとよく言われますが、私もいつか日本の伝統への回帰、中でもきものに帰っていくことは確信していました。

学芸室長として文化学園服飾博物館で過ごす日々には、最も質の高い日本のきものに直に触れる機会が数多くありました。中でも江戸最大の呉服商「越後屋《えちごや》」だった三井家伝来のきもの（23・33・125ページ参照）は、円山応挙《まるやまおうきょ》を祖とする円山派の下絵による江戸後期のものから、昭和にいたる歴代の三井家当主夫人のきものなど、どれをとっても研《と》ぎ澄まされた美意識にあふれていました。

現代の作家では、日本の古典的技法に対する深い理解のもとに自然の造形を生かし斬新《ざんしん》な模様を生み出した、知られざる巨匠熊谷好博子《くまがいこうはくし》のきもの（41ページ参照）に深く魅せられました。美術館に飾られ鑑賞の対象になる日本のきものの芸術性は、世界の民族衣装の中でも群を抜いています。

◎

最近、実家の母が亡くなり、残されたきものは私に託されました。ワインカラーを基調とした紬が多く、よく整理されていて多少丈だしなどしてみるとそのまま着られそうなものばかりでした。

相次いで亡くなった義母は江戸小紋が好きで、どれもしゃれていて粋で、きりっと博多帯を締めた浮世絵の中の女性のようなきもの姿が今でも目に浮かびます。

若い時のきもの、最近求めたきもの、譲《ゆず》られたきものなど合わせるとかなりの量となり、それらを整理し一点一点写真を撮り、たとうとカードに写真を張り記録を記すようにいたしました。母の二棹《さお》と祖母の一棹のたんすも削り直し修理してもらうと見違えるようにきれいになりました。

上質のたとうを探していたところ、作家の白洲正子《しらすまさこ》さんの行き付けの店だった大辻文庫紙店を知りました。きものばかりでなく、たとうやたんすなど、きものの周辺にもそれぞれの歴史があり、技術の伝統があります。そうしたものを大切に絶やさないようにしたいと思います。

譲られたきものを整理していると、門から玄関までの葡《ぶ》萄棚《どうだな》の下の路地で、布を長く張って洗い張りの仕事をしている母のそばで、竹ひごの伸子《しんし》などで遊んだ幼い頃がよみがえってきます。

きものとの付き合いも人それぞれ、世代や時代によっても異なりますが、きものを着て和の暮らしに親しみたいという気持ちは、今多くの日本人に共通する時代の風ともいうべきもので、この本がそのために少しでも役立てられればと願っています。

※洗い張り…きものの洗濯法。丸洗いではなく、縫い糸を解いて布の状態に戻しブラシ洗いする。
※伸子…洗い張りをするとき、布幅を一定に広げるための用具。竹ひごの両端に針を埋めたもので、この針を布耳に刺して布を張る。

監修　道明《どうみょう》三《み》保子《ほこ》

1942年静岡県に生まれる。東京大学文学部美術史科卒業。同大学院人文科学研究科修士課程修了。専攻は服飾史・染織史。文化学園大学名誉教授。文化学園服飾博物館学芸室長、放送大学客員教授などを務めた。主な著書：『世界の伝統服飾』(分担執筆／文化出版局)『アジアの風土と服飾文化』(共著／放送大学教育振興会)『国別すぐわかる世界の染め・織りの見かた』(監修／東京美術)

執筆　浜野とも子／関橋眞理／伊東久枝

イラスト　山根あきひこ

撮影　田中民子／御手洗九萬樹／古川正剛

装幀・本文デザイン　大澤貞子

写真提供・協力(五十音順・敬称略)　青山みとも／アド・ミュージアム東京／アトリエ草乃しずか／有松・鳴海絞会館／池田重子コレクション／伊勢由／茨城県近代美術館／印刷博物館／ゑり善／大館佐世子／大野屋總本店／青梅きもの博物館／鹿児島市立美術館／加藤萬／神奈川県立歴史博物館／紙の博物館／京都国立近代美術館／京都国立博物館／京都染織青年団体協議会／京都府京都文化博物館／銀座くのや／銀座平野屋／銀座やまと屋／久留米地域地場産業振興センター／慶應義塾大学図書館／国立国会図書館／国立歴史民俗博物館／神戸市立博物館／紫織庵／紫紅社／シルク博物館／杉野学園衣裳博物館／須坂クラシック美術館／鈴乃屋本店／静嘉堂文庫美術館／セイコきもの文化財団／ぜん屋／大彦／竹久夢二美術館／龍村美術織物／田中本家博物館／たばこと塩の博物館／田村資料館／竺仙／千葉市美術館／東京浅草組合／東京国立近代美術館／東京国立博物館／東北福祉大学芹沢銈介美術工芸館／道明／徳島工芸村／奈良県立美術館／根本章雄／バーバリン・リッチ／林原美術館／飛騨高山印籠美術館／福岡市博物館／福島粂子／福山市松永はきもの資料館／撫松庵／文化学園服飾博物館／ポーラ文化研究所／本場奄美大島紬協同組合／町田市立国際版画美術館／三越資料室／宮古織物事業協同組合／むさしや足袋店／むら田／山口織物／大和文華館

すぐわかる　きものの美　髪飾りからはきものまで

2005年 2月28日　初版第1刷発行
2020年 4月20日　初版第6刷発行

監修　道明《どうみょう》 三《み》保子《ほこ》
発行者　鎌田 章裕
発行所　株式会社　東京美術
〒170-0011　東京都豊島区池袋本町3-31-15
電話　03(5391)9031　FAX　03(3982)3295
https://www.tokyo-bijutsu.co.jp
編集　HAMA編集企画／オフィスKai
印刷・製本　株式会社　サンニチ印刷

乱丁・落丁はお取り替えいたします
定価はカバーに表示しています

ISBN978-4-8087-0780-4　C0072

◇『すぐわかる きものの美』関連年表◇

※本書で取り上げている、小袖が一般的な表着となって以後の日本の服飾史概略です。

			主な出来事
	室町	小袖が階級を問わない表着に／帯が衣服の表面に現れる（はばの狭い紐状のもの）	
一五七三	安土桃山	小袖の模様が華やかになり、段替わりや辻が花染が流行	
		名護屋帯が流行	
		慶長小袖が流行	
一六〇〇	江戸	女性の髪型に、兵庫髷登場	一六〇三 徳川家康が征夷大将軍となり、江戸幕府を開く
		革足袋に代わり、木綿足袋が主流に	
	一六六一〜	寛文小袖が流行	
		歌舞伎役者・上村吉弥にちなんだ、吉弥結びの帯が流行	
		裏表で生地が違う昼夜帯が登場	
	一六八八〜	友禅染が誕生／元禄小袖が流行	
		長襦袢が登場	
		帯の幅が十八センチほどに広がり、後ろ結びが主流に	
		縞や小紋などが模様の主流に／裾模様が流行	一七一六〜四五 【享保の改革】 ぜいたくな衣服が禁止される
		室内では裾をひき、外出時にはからげる風習が始まる	
	一七四一〜	市松模様など、歌舞伎役者にちなんだ模様が流行	
		小袖の色の主流が、地味な鼠色や茶色、紺色などに	
		女性用の雨合羽が登場	
		襦袢に汚れ防止のため半襟がつけられるようになる	一七八七〜九三 【寛政の改革】 庶民の絹もの着用が禁止される
		褄模様や裏模様が流行	